人力资源管理理论与实践丛书

战略构建与制度体系
——人力资源管理全景视角

Construction of Strategy and Institutional System
——A Panoramic View of Human Resource Management

许玉林 ● 著

清華大學出版社
北京

内 容 简 介

本书按照全新的范式构建了以"一个核心理念（philosophy），两大系统平台（system），五项基础要素（element），四类制度体系（institution），八大企业家修养（competency）"为主体的"PSEIC"人力资源管理思考框架。这一框架更贴近中国企业的管理实践，是对中国企业沿袭西方人力资源管理工具方法的一次超越。本书的定位是一本理论指导，并和本丛书的其他四本操作性较强的书相互契合，为广大的企业家、人力资源从业者提供从理念到方法的完整体系。

本书适合高等院校经济类、管理类专业师生作为教材使用，同时亦适合企业高层管理人员、人力资源主管以及所有对人力资源管理有兴趣的人士阅读。

图书在版编目（CIP）数据

战略构建与制度体系：人力资源管理全景视角/许玉林著. —北京：清华大学出版社，2013（2023.1重印）

（人力资源管理理论与实践丛书）

ISBN 978-7-302-31688-6

Ⅰ．①战… Ⅱ．①许… Ⅲ．①人力资源管理 Ⅳ．①F241

中国版本图书馆 CIP 数据核字（2013）第 043851 号

责任编辑：刘志彬
封面设计：漫酷文化
责任校对：王荣静
责任印制：丛怀宇

出版发行：清华大学出版社
　　　　网　　址：http：//www.tup.com.cn，http：//www.wqbook.com
　　　　地　　址：北京清华大学学研大厦 A 座　　　　邮　编：100084
　　　　社 总 机：010-83470000　　　　邮　购：010-62786544
　　　　投稿与读者服务：010-62776969，c-service@tup.tsinghua.edu.cn
　　　　质 量 反 馈：010-62772015，zhiliang@tup.tsinghua.edu.cn
印 装 者：涿州市般润文化传播有限公司
经　　销：全国新华书店
开　　本：185mm×260mm　**印　张：**7.75　**插　页：**1　**字　　数：**154 千字
版　　次：2013 年 5 月第 1 版　　　　**印　　次：**2023 年 1 月第 13 次印刷
定　　价：42.00 元

产品编号：052354-02

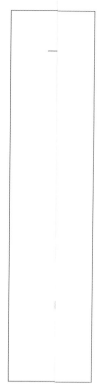

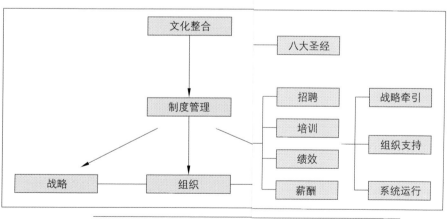

序
——我的生活与学术宣言

机窗外的晚霞掠过，带多了一点悟道，这霞光似是对我的告白：

你已照过大地，你已越过天空；

你的能量已尽，你的黯淡来临。

你走过的，已经留下；

你越过的，还在继续。

即使你曾经亮过，依旧是一缕凡光。

——这套书是我对学术的告别！

今后的我，只是把她完善，把她告之，让她尽可能地产生价值，直到被所有人忘却。

记得有一次，接受某品质生活杂志采访，记者多次称我为"大师"，我明确告之，"师"我接受了，"大"不敢当。应该说，我是一个好老师！也问心无愧。

25岁为师，出道算早，屈指又走过一遍。半百过去，总结似是早些，只是因为，从来没有想过长久。年轻时，立一言，生无目标，尽力去做。回头一望，算是可以。

自我评价，只可说是半个学者。是因为，于学者，我不够谦逊；于布衣，我多些雅致。书虽阅多，但不慎读，感谢父母，给予聪明。其实想来，书只读了一本，就是自己。太多时候，人说我傲，说我狂。试问自己，是否需要改变？其实不必。

如果——你内心足够的强大，又有一个正确的价值观，

就会坚信，你一定是正确的！

（给自己的告解）

如果——你是自信的、正确的，你就不会怕别人强大！

（给别人的告解）

这套书的构想：也有十年了，一直不得写。书是要传世的。虽然，我的书不言传世，至少要有些当世的价值。现在写来，可以交代，再给自己一点时间去纠正、去完

善。书也曾经写过一些，一直想写一本覆盖理性思考和管理技术的全体系的书。我希望，这套书，于读书人是指引；于实践者是工具。其实，管理从来就没有理论，你不知道的就叫做理论，你知道了就叫做实践。

这套书的宗旨：基于战略思考与管理流程的人力资源管理。试图站在战略的高度诠释：

战略构建与制度体系——人力资源管理全景视角，从管理流程的角度给出管理执行的操作工具：

组织绩效提升与管理——基于战略思考与管理流程

公平薪酬设计与操作——基于战略思考与管理流程

人力资源吸引与招聘——基于战略思考与管理流程

员工成长与培养计划——基于战略思考与管理流程

这套书的命名：做一点解释。学生们爱听我的课，是因为，在学校里，我教两门课——组织行为学与人力资源管理，这是学术的分割。其实，简单地理解，两门课研究的命题是一样的，就是人与组织的关系。在教学中，我是把两门课打通了讲的。所以，这套书的命名延续了同样的逻辑。很多人问我，这两门课之间的关系，对于实践者来说并不重要，实践只关心问题的解决。学术上的区分很容易，一句话，人力资源管理研究管人的技术；组织行为学基于对人的心理和组织行为的分析，把握一种规律，强化一些原则，承载一袭思想；但是，我特别强调——思想就是方法。我相信，大家看了我的书，听了我的课，对这句话一定会有深刻的理解。

这套书的核心：首先基于对组织行为学与人力资源管理的理性思考，构建了人与组织匹配的三大模型：思想体系——人与组织的关系；方法论道——组织与人力资源管理制度设计的五要素模型；制度建设——以人力资源管理的八条圣经为理性假设的技术支撑。本套书特别阐述了企业家自身的道德和修养。对于这样一个沉重的话题，触动的是人力资源管理的核心命题。其实，当我们去谈对人的管理，总是想如何管理好员工，我们可曾想过如何管理好自己。当我们讨论文化管理的时候，其最高层面的内涵就是在反思企业家自身的道德和修养。今日中国及未来，希望也必须铸造真正的企业家。如何成就？给出一个标尺与中国企业家共勉！你们，应该是：第一，生活品质的象征；第二，文化的传承者；第三，价值观的载体；第四，才是一个企业家。

这套书的学术：我的学术思想来自于我对阅读的解读和管理实践的思考。作为中国组织行为学和人力资源管理的创始学者之一，我们是先行者，独立思考是我们这一代人的特质。我在第一册中构建的组织与人力资源管理体系是全新视角的思考和模型。从第二册到第五册，是基于管理流程的操作工具。但是，在给出技术方法的同时，我仍然搭建了具有理性指引的管理模型：战略指引—系统运行—组织支持；其中，系统运行部分，又以管理流程为主线，提供了可操作的技术方法。因此，我所提供的执行工具，在管理思想上具有同质性的内涵。这也体现我的一个核心理念：走到高处全都是通的，云之上的天都是蓝的！

这套书的解读：建议读者，好好地阅读目录。在构想此套书的时候，我有一个想法：让读者不用读全书，就能明了书的体系和内容。因此，开宗明义，就是一张大图表，为总纲。读总纲，就可以读全书，一目了然。本套书提供了两种模式：一、基于流程的图表呈现；二、基于传统读法的章节结构。仅读目录，就可以帮助读者建立起对本书清晰的脉络。

这套书的合作：虽然这套书基于我原创的思考和近 30 年的沉淀，但是，单靠我个人之力是无法成就全套书的，于是我诚邀了我的学生王剑共同完成了此套书的写作。作为第二册到第五册的共同作者，王剑付出了许多聪慧和才智。我的学生易培琳、吕秋彤、滕文芳、贾婧、欧烨、冯慧、李艳燕、解凯杰、王晓楠、李岩岩，在本书的资料收集，书稿成文，文字校对等方面做了大量的工作。同时，他们也参与了部分写作，他们同样是本套书的共同作者。我希望，我走过的，他们继续走过；我留下的，他们担负传承。

这套书的感谢：

感谢父母，给予心智；感谢家人，给予情感；感谢老师，给予智慧；
感谢朋友，给予快乐；感谢学生，给予认可；感谢社会，给予机会。

许玉林

2012 年 5 月 23 日　于云之上

目录

第一章　一个核心理念——人和组织匹配

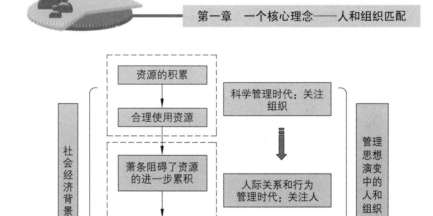

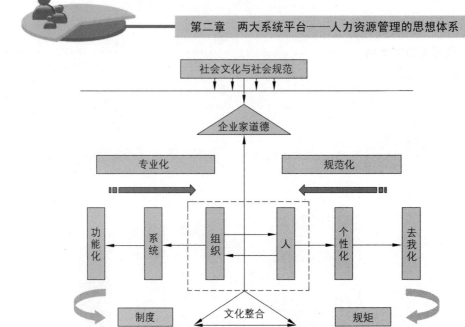

第二章　两大系统平台——人力资源管理的思想体系

第三章　五项基础要素——组织与人力资源管理的方法论道

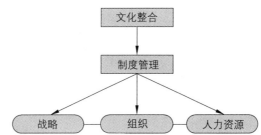

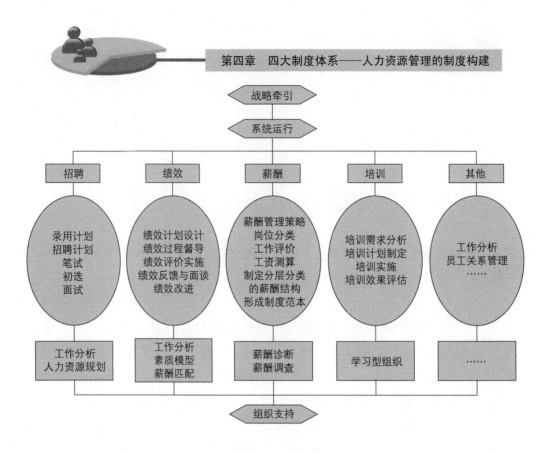

第四章　四大制度体系——人力资源管理的制度构建

战略牵引

系统运行

| 招聘 | 绩效 | 薪酬 | 培训 | 其他 |

录用计划
招聘计划
笔试
初选
面试

绩效计划设计
绩效过程督导
绩效评价实施
绩效反馈与面谈
绩效改进

薪酬管理策略
岗位分类
工作评价
工资测算
制定分层分类
的薪酬结构
形成制度范本

培训需求分析
培训计划制定
培训实施
培训效果评估

工作分析
员工关系管理
……

工作分析
人力资源规划

工作分析
素质模型
薪酬匹配

薪酬诊断
薪酬调查

学习型组织

……

组织支持

第五章　八大企业家修养——企业家自身的人力资源管理

社会

企业家

| 职能 | 特质 | 缺失 |

创新者　　创新精神　　　缺想象力

寻求市场机会　冒险精神　缺德(社会责任)

组织者　　英雄主义精神　缺商业社会里真正商业知识的把握认识

风险承担者　敬业精神　缺跨文化条件下的沟通能力

担负社会责任　　　　缺跨义化环境下的领导力

缺商业社会里非商业知识的把握认识

缺自信

缺自我批判的精神

企业

差距

难占据价值高端　　国际化管理水准欠缺　　持续竞争优势不足

第五章　八大企业家修养——企业家自身的人力资源管理 …………… 91

导论（如何用好这本书）

本书以全新的范式建立了一个组织与人力资源管理的思考框架，即以"一个核心理念（philosophy），两大系统平台（system），五项基础要素（element），四大主体制度体系（institution），八大企业家修养（competency）"为主体的"PSEIC"模型。这些内容构成了企业组织与人力资源管理的核心内容。

一个核心理念——人与组织的匹配

卓越的企业以实现人与组织的匹配为核心理念和最高目标。随着社会经济的不断发展，对人与组织关系这一问题的讨论也经历了几个不同的阶段。究竟该以人为本，还是以组织为本，现代组织与人力资源管理中，更加强调人与组织的匹配（P-O Fit），力求实现二者和谐发展。为实现这一管理的至高理念，本书提出了全新的：

思想体系—方法论道—制度构建的管理模型。

两大系统平台——组织与人力资源管理的思想体系

组织中存在两大平台，一是组织，二是人。对于这两大平台的研究，构成了组织与人力资源管理的思想体系。组织作为一个系统，是分工和功能化的产物，需要靠制度来保证其运转；而当组织与个人产生冲突时，企业该怎么办？如何实现两大平台和谐运转？在本书中可以找到答案。

五项基础要素——组织与人力资源管理的方法论道

五要素模型从战略、组织、人力资源、制度管理、文化整合五个方面，涵盖了组织与人力资源管理全视角的经营理念。战略是组织形成与发展的指引和方向，组织是实施战略的载体，人力资源是支持组织达成战略目标的条件和资源保障，制度设计解决了组织发展过程中的管理提升问题，文化整合是组织管理的最高层次——这五项基础要素构成了组织与人力资源管理的方法论道。

四大制度体系——人力资源管理的主体制度构建

管理的功能是从流程中来。人力资源管理要落实在各个功能模块上，绩效、薪酬、招聘、培训四大制度体系，构成了人力资源管理的主体制度构建。本书采用了：

战略牵引—系统运行—平台支持的全新体系框架，对每个模块的管理操作进行了详尽地分析，为实践者提供了从理论到实践的管理工具。这也是该丛书其他分册的精华所在。

八大企业家修养——企业家自身的人力资源管理

管理靠的是制度，当制度不能够解决问题时，就要靠文化来整合了，而文化的制高点是企业家的道德和修养。企业家是企业组织与人力资源管理的核心力量。山有多高，水有多深。企业家的道德规范决定了企业发展的高度。而管理实践中，企业家常常只重视如何管理好员工，而忽视了自身的人力资源管理。从中国企业与世界顶级企业的差距可以看出中国企业的缺失，而企业家的缺失更是导致这些差距的根本原因。本书在阐述企业家的职能、精神的基础上，提出了中国企业家的"八大缺失"。这也是提醒企业家应当着重提高自身的道行和修养。

导读

看总纲，读导论

本书最开始所呈现的总纲是全书的精华，结合导论，可以对各章节的基本内容及相互关系有大概了解，为接下来的阅读理清脉络。

览目录

目录包括每章节图示和每章节标题两个部分。
每章节图示：提取各章精华，明确逻辑联系。
每章节标题：读取所需，迅速定位。

阅概述

每一章的开始会有一个概述，包括图示和文字两部分。介绍了本章问题如何提出，并引导出下文中的详细内容。

品细节

找需要的看：读者可以在目录中找到自己需要阅读的部分，然后定位至某节进行深入研究。

通篇阅览：本书具有较高的理论指引和操作工具性，各章节都有亮点。如果通篇细读，相信读者在组织与人力资源管理的理念、思想和方法上都会有其收获。

第一章
一个核心理念
——人和组织匹配

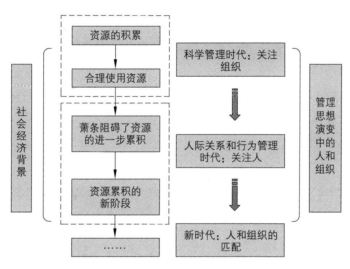

图1-1 管理思想演变中的人和组织关系

　　组织中的人力资源管理是一个人力资源的获取、整合、保持、激励、调整、控制及开发的过程。通俗地讲，人力资源管理主要包括选人、用人、育人、激励人、留人、人员退出等内容。人力资源管理已经成为企业管理的重要环节。而人力资源作为企业发展的战略性资源、组织行为的核心组成，也是企业赢得持续竞争优势的关键因素。

　　西方管理思想的演变主要经历了科学管理时代、人际关系和行为主义学派时代以及现今强调人和组织匹配的时代三个阶段。相对应地，组织与人力资源管理的侧重点也经历了注重组织、注重人、注重人和组织的匹配三个过程。然而，思考我国人力资源管理发展的逻辑，企业人力资源管理现代化的总体水平还处于较低的层面，"只见事不见人"等现象突出，实质上还缺乏对"人"这一因素的关注，造成一系列人力资源管理问题的出现，并严重影响了企业的现代化管理进程，阻碍了企业战略目标的实现。

笔者认为，"思想就是方法"。人力资源管理首先是一种思想，这种思想的根本出发点是实现组织中人和组织的匹配；其次，人力资源管理更是一种方法，这种方法包括各种技术和手段，最终目的是解决组织中"人"和"事"的问题，达到人和组织的匹配，最终支撑组织战略的实现。

第一节　管理思想演变中的"组织"与"人"

人总是参加于组织之中，组织也一直是为了实现人的目标而存在的。管理是人们谋求通过集体的行动来满足其需求时所产生的一种必不可少的活动，并且有助于人和组织目标的实现。从本质上看，人具有经济、社会和政治等方面的需要，这些需要的一部分要通过组织的努力才能实现。

现今社会，人力资源管理越来越成为企业管理的重要组成部分。真正意义上的现代人事管理的形成源于科学管理时期。科学管理是管理思想发展历史上的一个高峰，同时也是第一次管理思想的大综合。在此后管理思想的演变中，对"组织"或"人"的关注一直贯穿其中。

一、科学管理时代——关注"组织"

钱德勒（Alfred D Chandler JR）将美国大企业发展的历史分成四个阶段：

（1）资金的初步扩大和积累；

（2）合理使用资金；

（3）发展新的市场和行业，以保证继续充分利用资金；

（4）建立一种新的结构，以便有可能继续有效地动员资金来满足变化中短期的市场需求和长期的市场趋势。

按此理论分析，科学管理时期正是美国大公司处于资金积累阶段向资金使用阶段过渡的时期。

19世纪后期，美国尚处于萌芽阶段的各个新的工业部门正在迅速发展，影响并最终支配了美国的生活常规。这时已经开始有了大量的钢铁、肉类包装业、电力、橡胶、烟草等大型企业，石油和电能的发现与应用大大补充了煤炭作为动力的来源。汽车的大量应用使得城市和郊区的交通运输业也有了明显的改进，人们的流动速度加快，零售商品的市场进一步扩大。

批量生产的新经济学要求更多地注重改进管理的方法。为满足大规模市场和大规模销售的要求，必须大量的积累资金。第一次世界大战开始时，美国工业发展的第一阶段，即资本累积阶段已经完成。在20世纪的前20年中，设计和实现适当的管理结构和组织结构成为必须。大企业要求在公司活动与人员之间建立一种正式的结构关系，并需要正式确定管理的程序。资源累积阶段的完成意味着 20 世纪初期那些典型的公司基本上面临两个问题：

（1）有必要改进生产技术和生产过程以降低单位成本；

（2）需要推动计划工作和协调工作并对经营效益进行评价。

正是在这样的背景下，泰勒（Frederick Winslow Taylor）科学管理理论应运而生。泰勒抱着解决劳资双方矛盾，提高劳动生产率，解决由于没有管理或管理不当造成的巨大浪费的目的，通过大量贴近实际的实验，如搬运生铁实验、铲具实验、金属切削实验等，提出了科学管理理论。泰勒主张管理方法要发生根本性转变，用新的、科学的、规范的方法取代旧的、凭直觉、模仿他人的经验方法，实行工具标准化、操作标准化、劳动动作标准化、劳动环境标准化等标准化管理；并提出了管理过程中的标准化问题，使用工具标准化，操作过程程序化，管理活动科学化。也正是泰勒开始把标准化引进了管理科学，并把"使所有的工具和工作条件实现标准化和完美化"列入科学管理四大原理的首要原理。

继泰勒之后，科学管理又有人批的追随者，像卡尔·巴斯（Carl George Buss）、亨利·甘特（Henry Laurence Gantt）、弗兰克·吉尔布雷斯（Frank Bunker Gillbreth）夫妇等，他们在不同程度上都对泰勒的效率主义和规范化管理思想进行了发展。

在这个阶段中除了亚当·斯密（Adam Smith）所说的"看不见的手"在强烈地支配各个企业运作外，另外一只钱德勒所称的"看得见的手"，也在快速形成和支配着企业的运作，即由现代工商企业管理协调着企业运作，并用管理上看得见的手取代市场机制看不见的手。而这只看得见的手所操纵的就是管理思想和管理方法，这正是科学管理所提供的。正是这种科学管理思想把管理职能从工业生产中分离出来，从而形成了管理阶层。

图 1-2 是以图形的形式概述了科学管理思想的产生、发展与演变的情况，科学管理不是凭空想象而来，而是由多方面背景综合而成。

在这一时期，泰勒提出"科学地挑选工人"，"管理部门和工人之间进行亲密无间的友好合作"等科学管理的原则，并提出要"不断改善工人待遇"。胡戈·明茨伯格（Huso Munsterberg）也开创了工业心理学，从一个角度开始关注"人"。但是，工程师研究机械效率，工业心理学研究人的效率，两者的目的都是相同的，即全面提高生产率。这种转变只是体现在对人的评价比以前更加客观，在对人员进行管理的过程中对员工更加尊重，人仍然只被看成与其他物品一样的、为实现企业目标而必需的一种要素，而它与其他要素不同的、只有人才能具备的能动性特质并没有得到充分的认识和肯定。人事管理在组织中只被视为低层次的、技术含量低的、无须特殊专长的工作，其活动仅限于人员的招聘、遴选、派用、工资发放、档案保管之类琐细的具体工作，后来又涉及职务分析、绩效评估、员工培训活动的组织等工作，从性质上属于行政事务性工作，活动范围非常有限，主要由人事部门的职员具体执行，基本上不涉及组织的高层决策。

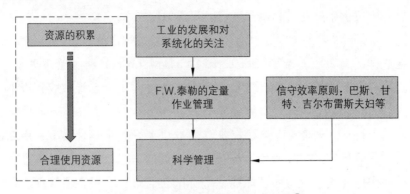

图1-2　科学管理时代管理思想演变①

　　尽管泰勒、巴斯、吉尔布雷斯夫妇等人在试图解决一些问题时存在差异，但是他们共享一个"经济人"的假设。把人的工作物质动机摆在了一个空前突出的位置，奉行"以物为中心"这一理性哲学。这一阶段，在管理工作中对工具标准化、操作标准化、劳动动作标准化、劳动环境标准化的大量关注表明，人力资源管理的侧重点仍是组织和工作系统，对"人"这一要素依旧缺乏关注和开发。

二、人际关系和行为管理时代——关注"人"

　　20世纪20年代后期，在泰勒科学管理"经济人"假设基础上，通过激励和严格管理，劳动效率的确有所提高，但工人积极性仍不高。这一现象引起了许多学者的困惑和兴趣，开始探究影响人的积极性（行为、能力）问题——除了环境、待遇因素之外，是否还有其他至关重要的因素被忽略了。

　　那时，工商界对科学管理为什么不能对生产力和人的行为产生革命性的影响这个问题知之甚少。从理论上来讲，科学管理的逻辑是非常强有力和不可辩驳的。然而，实践中，企业引进大规模生产和科学管理技术后，劳动者的士气通常会有所降低。管理学思想开始关心人的方面。

　　泰勒发现了工作，福特（Henry Ford）探索出大规模生产的工作，斯隆（Alfred P. Sloan JR）则将工作组织起来，而"人"并不是主角。但是，霍桑试验是一个例外。1927—1928年间，梅奥（George Elton Mayo）以霍桑工厂为研究对象，仅仅通过访谈实验，发现工人会因管理者允许他们畅所欲言、自由提出个人的看法、主张、建议而备受鼓舞，从而持更加积极的工作态度。这一研究表明，仅仅采取计件工资来调动工人

① 丹尼尔·A. 雷恩著. 赵睿等译. 管理思想的演变. 北京：中国社会科学出版社，2000.

的积极性是不够的，激励性工资对提高生产效率的影响其实有限。在大量实验的基础上，梅奥发现工人除了关心和追求物质待遇外，还关心他人对自己的认可、肯定和尊重。管理者应充分满足工人的心理和社会需要（psychological and social needs），搞好与工人的关系，提高他们的士气，劳动生产率自然提高——这是梅奥提出的人事管理中人际关系的核心内容。

此外，1929 年经济危机的爆发使美国从经济的繁荣进入了"大萧条"时期，1933 年失业人数达到 283 万（失业率为 24.9%）。常年的营业率下降、失业盛行、收入低落、家庭失散、储蓄用尽造成全国人们的精神情绪降至最低点，生产工作效率低下。梅奥主义者认为，经济问题的根源在于社会问题。只要恢复了社会团结，重建了原始团体，开辟了信息交流渠道，满足了社会和心理需要，人们的努力就能转向提高生产效率。玛丽·帕克·福莱特（Mary Parker Follett）在其权力的非人格化、联合和开明领导的号召中支持了这一论点。切斯特·巴纳德（Chester I. Barnard）指出，一个组织为了要有效力地实现组织目标，就必须在满足个人和团体需要方面有效率，协作是管理当局和工人两者之间一个互相的过程。此外，福莱特也是一位坚定的职工代表计划的信仰者。20 世纪 20 年代，该计划被炮制出来。她坚信要"通过利益的结合来减少冲突"，以及"确立一种通过协作和控制的努力来达到目标"。

在这一时期，对安全的渴求渐渐从共同承受苦难命运的同一代人、甚至下一代人中找到答案。当社会产生一种巨大的文化冲击（如萧条）的时候，人们会自然地做出反应而组成团体。戴维·里斯曼（David Riesman）提出由"内向人"向"外向人"的转变。人们在资本主义和新教伦理的个人主义者中感到孤独，需要某种比他们自己更伟大的事物，如上帝、国家、公司、工会或其他事物等，以便得到自我认同。科学管理时代开始逐渐向人际关系时代转变。

自从梅奥发现人际关系对于提高生产率至关重要以后，20 世纪 50 年代，众多的管理学家、心理学家和社会学家开始对个体和群体行为（behaviors）等问题展开研究。尽管他们分析问题的角度各有侧重，研究背景、兴趣各有不同，但都认识到员工行为是"多样化、复杂化"的。

美国心理学家马斯洛（Abraham H. Maslow）侧重于对组织中个体的需求类型和特征进行研究，认为人有五个层次的需求：生理需求、安全需求、社交或情感需求、尊重需求、自我实现需求。马斯洛强调这五个层次的需求关系是递进的，当低层次的需求未满足前，高一层次的需求被抑制住；当低层次的需求获得满足后，高一层次的需求则显露出来，取而代之成为主导因素，影响人的行为。根据马斯洛需求层次理论，管理者在激励员工时必须抓住主导需求，根据他们主导需求制定措施，激励员工。正是基于这种认识，麦格雷戈（Douglas M. Mc Gregor）提出对组织中人的管理方式应根据被管理者的人性观而调整，对不同层次的需求，应采取不同的政策。X 理论假定马斯洛需求框架下的较低层次需要支配着个体行为，而 Y 理论假定较高层次需要支配着个体的行为。当介乎 X 理论和 Y 理论（X theory and Y theory）之间时，Y 理论则更实际更有效。因此，他强调要为员工提供富有挑战性的工作，给他们参与决策的机会，与员工建立良好的人际关系，从而更好地调动他们的积极性。美国心理学家赫茨伯格（Frederick Herzberg）对于人事理论的突出贡献在于修正了传统的认为不满意的对立面就是满意（satisfaction）的观点，认为满意的对立面是不满意（dissatisfaction），不满意的对立面则是不再不满意。他通过研究调查发现导致人们工作不满意的因素多与他们的工作环境有关，他将这些因素称为保健因素；导致他们工作满意的因素通常是由工作本身所产生的，这些因素给职工很大程度上的激励，有利于充分、持久地调动职工的积极性，他将这些因素称为激励因素。

这一时期管理思想的演变如图 1-3 所示。从年代上讲，福莱特虽然身处科学管理时代，但是却成为同正在出现的管理问题的团体为方法相联系的思想上的桥梁。霍桑试验把人际关系运动推向前台并引出了社会人的思想。之后的行为主义学家通过对人的激励、动机、满意度等因素的研究，推动了现代组织理论的发展以及把对"人"的关注推向了更高的层面。

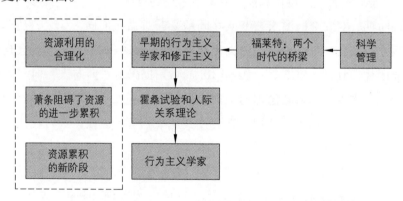

图 1-3　人际关系时代和行为管理时代管理思想演变[①]

大卫·里斯曼（David Riesman）认为，这是从"看不见的手到热情的手"的转变。事实上，这个阶段已从科学管理时代对"组织"的关注转变到了对"人"的关注。霍桑、马斯洛、赫茨伯格等这一学派没有继承"经济人"的基本假设和推理逻辑，而是借鉴社会学、心理学、人类学和经济学的一些概念和理论，共享了人是"社会人"、"自我实现人"的假设，从而使组织的哲学从"以物为中心"的理性主义哲学开始向"以人为中心"的人本主义哲学转变。

———————

① 丹尼尔·A. 雷恩，著. 管理思想的演变. 赵睿等译. 北京：中国社会科学出版社，2000.

三、现代管理者的挑战——寻求"组织"和"人"的匹配

回顾管理思想的演变，早在 1776 年，亚当·斯密就注意到，劳动分工存在分工过度和失效的现象。泰勒、弗兰克·吉尔布雷斯和其他一些科学管理的先驱者们研究了工人们的动作、工具以及工作方法，希望能够发现更佳的工作方式，以便在奖励工人提高工作成绩的同时减少无用功、增加有效性，并期待人们能更加聪明地工作而不是更加刻苦地工作。具有长远眼光的管理工作有责任在提高工作表现的同时使得工作更有意义。到了人际关系学派和行为主义学派时期，"人"这一要素被发现和研究。人们开始越来越认识到"人"是工作的主体，"人"是一种特殊的资源。人身上所带有的特性也被挖掘出来。这一学派通过心理学和社会心理学强调管理中人的因素的作用，大量研究集中于人的"动机"、"满意度"、"需求"等因素。

然而正如怀特·巴基（Wight Bakke）所提到的那样，人力资源是企业的一种特殊资源，然而，人力资源的核心并非是"个人幸福"，而在于"生产率提高"方面的作用。人的因素必须被整合到每个组织的整体任务中去。在关心员工满意度提高、职工职业发展通道建设等有关于"人"的因素的同时，必须同时对"组织"的效率和规范化等进行关注。德鲁克（Peter F. Drucker）说，管理是对"度"的把握。组织要求规范化、制度化以提高效率，而人是有个性的资源，如何将"人"和"组织"进行合理匹配，并掌握合理的"度"就成了现代管理者们共同探索的问题。

从 20 世纪 80 年代中期以后，关于人和组织匹配的研究逐渐越来越多。辛德勒·B（Schneider B）则把"人——组织匹配"宽泛的定义为人与组织之间的相容性。他提出了一个"吸引—挑选—摩擦"（attraction-selection-attrition，ASA）模型。该框架认为：因为人和组织之间具有相似性而互相相吸。爱德华 Jr.（Edwards Jr）将人和组织匹配定义为个人能力和工作需要的匹配（需求—能力）或者是个人要求与工作属性的匹配（要求—供给）。曼切斯肯·P. M.（Muchinsky P. M.）和莫纳汉 C. J.（Monahan C. J.）等人则进一步细化了匹配的概念。他们认为，存在两种类型的匹配，即一致匹配和互补匹配。所谓一致匹配是指个体能够在组织中增补、修饰或拥有其他个体相似的特征；所谓互补匹配是指个体特征能够弥补组织的不足。

第二节　历史与逻辑的统一——中国人力资源管理的演变、问题及解决思路

人力资源管理是现代管理理念的重要组成部分。然而"人力资源管理"、"人力资源"等词汇真正在中国广泛运用和被实践也只有近 30 年的时间。在这 30 年里，随着国际互联网的普及，现代信息技术的广泛运用，全球组织面临数字化、信息化的严峻

挑战。在这个以知识资源占据支配地位的知识经济时代，我国现代管理模式和经营理念也将面临新的挑战。

一、中国人力资源管理的发展逻辑

随着"改革开放"政策的实施，我国各级劳动人事管理机构得到恢复、加强和发展，劳动人事制度才开始被纳入正轨。从 1978 年至 80 年代中期，我国在计划经济的体制框架内实行企业扩大自主权的试点，到 1980 年试点企业达 6600 多家。国家对放权企业实行利润留成制度，企业在生产计划、产品销售、资金使用、干部任免、职工奖惩等方面有一定的自主权。这种以强化物质激励为主的企业改革，其目的是刺激企业向商业极度匮乏的社会提供更多的商品。在这一时期，虽然规定企业在用人方面有权根据生产需要和精简、效能的原则决定自己的机构设置和人员配备，并有权对严重违反劳动纪律的员工给予处分，甚至辞退，但由于没有劳动力市场和社会保障体系的完善，更由于旧的用人观念根深蒂固，这些权利的运用是极为有限的。

从 20 世纪 80 年代中期到 90 年代中期，我国企业的外部环境发生了根本性的变化，中国经济改革进入了实质性的阶段。外资开始引入中国，国有企业在非国有企业和外资企业的竞争压力下开始不得不采取一些改革措施。我国的企业人事制度开始有了较大的变革。从 1985 年开始，各地方各部门开始实行工资工效挂钩机制，到 1993 年，全国国有大中型企业基本上都实行了这种工资制度。在用人方面，自 1986 年开始，我国开始推行厂长负责制。政府主管厂级领导的管理，其他人员由企业管理，实行分级管理的人事管理体制。企业有权根据经营需要招聘人员，有权对人员进行奖惩，从 1992 年开始，我国开始把实行劳动合同制列为转换国有企业经营机制的主要内容，到 1994 年实行劳动制的职工达到全国职工总数的 40%。

从 90 年代中期开始，我国提出进一步转换国有企业的经营机制，建立适应市场经济要求、产权清晰、权责明确、政企分开、管理科学的现代企业制度，同时也决定呼吁建立包括社会保险、社会救济、社会福利等全面的多层次的社会保障制度。到 2002 年，城镇养老、失业保险全面实施，覆盖面达 90%；医疗、工伤、生育保险制度的覆盖面达 80%。国有企业在公司制改革的过程中，人事制度的变革焦点集中在对企业高层管理者行为激励和约束上，如何通过内外部机制的建立解决"内部人"控制问题。

在 90 年代开始的十几年里，我国大量引进、借鉴国外先进的管理理论和经验，对人力资源管理的高度重视也从此起步。但在人力资源管理理论上国内学者并无重大突破，理论界更侧重对国外先进管理理论的介绍以及如何与我国实际情况相结合而逐步改善企业人力资源管理状况。

二、见事不见人——中国人力资源管理演变过程中的问题

回顾近30年来我国管理思想的演变，现阶段我国正处于以科学管理思想为主体，并逐渐开始发现"人"和意识到"人"的重要性的时期。这正与西方管理思想演变的历史相互契合。我国人力资源管理大多数仍处于传统的人事管理阶段，一些国内著名企业已实施人力资源战略管理，但绝大多数中小企业的人力资源管理依然停留在传统人事管理水平上，其企业人力资源管理的主要特点是以事为中心，只见事不见人，不见人和事的整体性与系统性，把人视作一种工具和成本，注重的是使用和控制。所表现出来的人力资源管理问题大体有以下几个方面：

1. 人力资源管理制度不健全

现行的制度从其内容来分析，大都是就员工考勤、奖惩制度、工资分配、工作规则等方面对员工加以限制，而不是从以人为中心、充分调动员工的积极性和创造性出发，来规范企业和员工的行为，以求得员工发展和组织目标的实现。尽管员工心存不满，但由于劳动力买方市场的现实，大部分员工只好接受各种条件限制。另外也没有更合理健全的制度措施来对这些不足之处进行约束和规范，使得人力资源管理的效率更加低下。因此，在某种意义上，目前一些企业的人力资源管理制度的执行具有一定的强制性。

2. 缺乏对企业发展的战略性思考，导致人力资源规划的缺乏

我国某些家族企业在创业初期，一般规模小，在成长起来的过程中没有组织战略，惯性的作用和创业者普遍缺乏对企业发展的战略性思考，导致企业在扩展阶段没有企业战略，没有合理的人力资源规划。

3. 用人制度僵化、缺乏竞争机制

现行大部分企业用人制度主要是全员劳动合同制和聘任制，即以劳动合同形式把企业和个人之间的关系明确下来，并对管理人员和技术人员实行分级聘用。人员的聘用仍是通过主管提名、人事部门考察、组织讨论的方式决定。公开选拔、竞争上岗的方式还没有进一步推行。同时人员配置机制不规范，工作职位与个人能力上的能级对应原则没有充分体现，人才缺乏与人才浪费、人才闲置与用人不当并存。

4. 缺乏科学、合理、有效、可行的员工绩效评估体系和激励机制

目前我国大多数企业的绩效评估体系都不够全面，激励手段也比较单一，不能准确的评价员工的工作，进而对员工进行合理的激励。

企业的薪酬体系过于单一，过分强调其保障功能，导致其激励性、调节性减弱，致使对企业作出重大贡献的经营管理者、专业技术人员的积极性得不到充分发挥，导致人才流失。此外，由于中国国情所在，众多私营企业为了最大限度地获取利益，保障最低的人力资源成本，用工尚不规范，员工的薪酬基本不能维持其生活需要。

5. 分配制度缺乏新的突破，动力机制与约束机制不完善

分配制度还没有真正成为经营管理的推动力，生产经营效益与分配水平没有取得良好的相互作用的效果，分配制度创新难度大，分配制度改革滞后于经营内外环境变化。职工工资结构不尽合理，职工收入没有完全货币化，福利性待遇没有全部转成经营性待遇。

6. 人力资源部在现实中普遍充当执行、参谋的角色，而没有纳入经营决策层

目前绝大多数人力资源管理只是着眼于当前的业务管理，仅是在企业需要时发挥作用，如补充人员、发放工资、培训职工、解决劳资纠纷等，没有上升到企业经营战略上的全局考虑。

7. 员工素质偏低，高层技术及管理人才缺乏

我国许多家族企业的创业者多数是在本地创办企业，资源相对匮乏，企业员工主要以本地人员为主。随着家族企业的规模不断扩大，他们的管理、技术水平跟不上企业的发展。由于相当数量的家族企业所在地往往不是大都市，环境相对偏僻、艰苦，地域条件上限制了高层技术、管理人才的引进。

三、人与组织的匹配——中国人力资源管理的解决思路

现代人力资源管理取代计划经济模式下的劳动人事管理不是简单的名词置换，而是从思想理论到方法运用的根本转变。根据我国现代企业的人力资源管理现状和面临的种种挑战，不难看出，我国企业要尽快实现这个转变，实现真正意义上的人力资源管理，必须找出一种适合我国经济发展现状的人力资源管理模式和方法，才能在日益激烈的竞争中取得生存和发展。

组织和人是企业中最重要的两大要素。从上述对我国人力资源管理问题的分析可以看出，在过去30年内，我国人力资源管理充分借鉴了国外的人力资源管理理论，但是由于经济和社会环境的限制，我国的人力资源管理呈现出过分重视"组织"和"工作"，而对"人"这一要素缺乏真正意义上的尊重。真正意义上的"以人为本"的思路也没有得到充分的实践，并给企业带来诸多不利的影响。我国企业的人力资源管理正在面临从计划经济时代的以事为中心的人事管理到市场经济时代的以人为中心的人力资源管理的挑战。

过分关注组织，企业将会忽略对人方面的思考，人的潜力将不会被最大化地开发，长此以往，企业也会失去竞争优势。现今我国人力资源管理要从以事为中心中跳出来。然而从另外一个角度来看，过分关注人，企业也将会忽略对组织方面的重视。德鲁克在《管理的实践》中早就提出，"经理们可以利用其他资源，但是人力资源只能自我利用"。"人对自己是否工作绝对拥有完全的自主权。"人是个性化的资源，而企业要想实现效益最大化就必须关注组织效率的提高。组织效率提高的很重要的途径即来源于

"劳动分工"所带来的工具标准化和操作标准化。过分关注人，人力资源本身"个性化"的特征将大大降低组织的效率。理论和实践证明，只有将人和组织合理匹配起来，才能达到企业人力资源管理的最高目标，进而促进企业战略目标的实现。只有将"人和组织匹配"这一问题解释清楚及有效落实，才能解决我国企业人力资源管理中存在的诸多问题。我们将在接下来的章节中具体阐述人和组织相匹配的内涵以及通过什么样的技术和方法以实现人和组织的匹配。

第二章
两大系统平台
——人力资源管理的思想体系

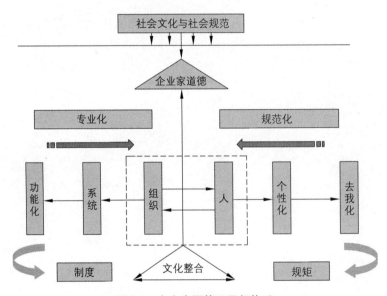

图 2-1　人力资源管理思想体系

　　我们在导论中已经提到，人力资源管理的终极目标就是实现人与组织的匹配，可见，组织和人是企业中最重要的两大平台。但事实上，在企业的实际运转过程中，这两者在本质上是存在冲突的。假设人是常量，组织本身是一个系统，解决组织效率问题必须解决其功能化问题。而要实现这一目标，又要依靠分工，专业化分工越细，效率越高。但是，每个人都是有个性的，但如果在组织中过分强调个性，效率反而会降低。因此，组织必须实现人的去我化——去我化即必须忘却自己，使其融入到组织当中。没有一个组织的目标是可以通过个人完成的。从根本上说，去我化就是组织规范化的过程。我们不可能通过制度解决所有的问题，制度解决的是组织化、功能化的问题，而规矩实际上是文化的内容。很多事情，制度无法解决，这时就要依靠文化。

事实上，这个模型是一个动态图。文化的力量越突显，制度和规矩之间的距离也就越小。文化是整个组织的核心牵引力量，企业的文化取决于企业家的道德。员工跟着企业家走，企业家的道德多高，企业的文化就有多大，企业就能做到多好。企业家的道德是整个社会与组织的边界。山有多高，水有多深，山就是企业家。而企业家的道德水平又受到整个社会道德高度的制约。关于企业家的内容我们会在第五章进行详细讨论。

第一节　组织平台——企业人力资源管理的支撑

巴纳德把一个组织定义为："有意识加以协调的两个或两个以上的人的活动或力的系统。"从根本上说，组织的存在就是由于个人不能完成所有的活动或功能，而这些功能和活动对于实现其目标又是必需的。为了完成这些活动或功能，组织中的人就需要有所分工，每个人或一部分人都在实现复杂目标的过程中承担一部分工作或任务。一旦工作被分割开来，每个人就在做自己专业化的工作，组织就需要一定的方法来协调组织成员的活动，以保证我们能够最终实现组织的目标。

通过组织及其组织管理的研究：把需要组织完成的复杂工作尽可能分解成最小的单元；工作被分解到标准化的流程中去完成；工作职能是清楚的；工作流程是明确的；工作结果的标准是清晰的；在这一系列的清晰、明确和标准面前，复杂的工作被转化成简单的行为。因此，面对简单的工作，也就不需要更高的能力和更多的努力，工作的效率自然就会显现出来。所以，同样素质的员工，工作的效率具有明显的不同。

在同样条件下（相同的目标、相同的资源、相同的回报），什么样的工作方式达成工作目标的效率最高？

答案很简单，即有组织的工作方式可以提高工作的效率。

因此，从一开始，组织的产生是为了解决效率问题。所谓有组织的工作，就是通过劳动分工的方式，以有效的组织职能划分，通过分工与协作，最终达成组织的目标。

一、高效的组织，完整的系统

系统论的核心思想是：任何系统都是一个有机的整体，它不是各个部分的机械组合和简单相加，系统的整体功能是各要素在孤立状态下所没有的性质。从广义上来讲，组织本身就是一个系统。要研究组织，就需要分析组织的要素。组织的系统观首先强调组织中各要素的相互作用和相互依存的关系。组织作为一个整体，如果要有效运作，其中的每一个要素就必须依赖其他的要素。

（一）由组织产生看组织系统——巴纳德的组织系统论

早在 20 世纪 30 年代，巴纳德就提出，组织是个协作的系统，它是由不同的人组成的，因此维持组织的平衡，关键是要弄清组织的本质是什么、人在组织中是怎样行动的。巴纳德管理理论的核心就在于此，它与行为科学的不同之处在于他认为构成现代工业社会的基本单位——企业是正式组织，只有正式组织才能被看成是人类社会发生相互作用的社会过程和社会系统。关于组织的本质，巴纳德提出了一个与前人迥然不同的说法：组织不是集团，而是相互协作的关系，是人相互作用的系统。组织的产生和存续只有通过以下三个要素的结合才能实现，如图 2-2 所示。

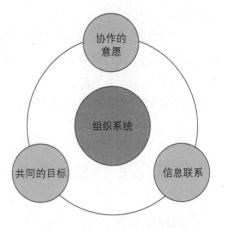

图 2-2　巴纳德组织系统示意图

第一，要有协作的意愿。组织中人的行为是动机产生的结果，因此组织成员的协作愿望对组织来说是不可缺少的要素之一。协作愿望是指个人为组织目的贡献力量的愿望，意味着个人的自我克制，交出对自己行为的控制权和个人行动的非个人化。协作愿望的强度和持续的时间，随个人感受或预期的满足程度而经常变动，组织为获取成员的协作意愿，通常采用金钱、权力刺激或说服教育的方法以达到目的。

第二，要有共同的目标。没有目的就没有协作，这是协作意愿的前提条件。组织目的和个人目的是不完全一致的，组织目的为适应环境的变化还要不断变化或更改，这就需要组织目的不仅要得到各个成员的理解，而且必须为每个成员所接受。因此，经营者要妥善解决好协作目标与成员主观目的之间的矛盾，不断调整个人目标与组织目标，使全体职工相信组织中一个共同的目标确实存在。

第三，要有信息联系。组织目的必须为组织成员所知，否则就毫无意义。建立和维护组织信息系统是管理者的重要职能，其作用是使信息联系的渠道被组织成员明确了解；明确规定每个成员的权利和义务；使信息联系的路径尽可能直接、快捷等等。

因此，巴纳德提出，一个优秀的管理者首先要善于招聘和选拔有一定才能并能尽心尽力工作的人员，使这些人协调地、高效率地进行工作。其次要设立一个共同认可的目标，规定组织的任务，在协作系统内部阐明权力和责任，使每个人都能知道怎样为共同目标作出贡献。为保证组织系统正常运转，还要建立和维持一个信息联系系统。如此才有可能构成一个完整的、高效运行的组织系统。

（二）内外双向——组织系统的新观点

企业机构不是简单的摆设，也不是机构的简单相加，而是一个用分工协作、领导隶属关系贯穿起来而形成的职能机构的总体。企业的各个机构还必须是相互联系和制约的，必须要有科学的协作。一方面，从联系本身看，企业机构的相互联系和影响具有一定的秩序和层次；另一方面，从企业总体上看，不能只强调个别要素与直接有关要素之间的联系，而忽视它们与整个企业的联系。

从系统的观点看，企业是一个由若干基本要素组成的组织系统。这个系统主要包括处于企业经济活动之中的劳动者、劳动对象、劳动手段以及经营管理等要素，它们都以各自的不同形式和内容发生着联系。这些相互联系的要素总和又构成一个以某种阶层结构形式分布，在一定的环境约束下，为达到整体而存在的有机结合体，即企业的组织结构。

随着组织的不断发展，关于组织的系统理论也有了进一步的延伸，由初期巴纳德仅仅局限于组织内部的协作意愿、共同目标、信息传递三个系统要素，扩展到了组织目标、完善的组织内部结构以及外界联系三个内外双向的新的系统要素，如图 2-3 所示。

要建立一个合理的、高效化的企业组织系统，首先必须明确企业组织的目的性。没有目的性，企业的各要素就无法联系和结合，企业的组织系统就不复存在。这一点在巴纳德的组织系统论中也有明确的表述。

在企业目标确定之后，就要通过建立和改革企业组织结构，形成一个合理的、高效

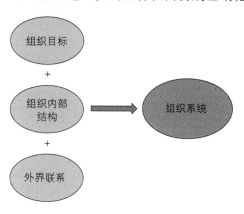

图 2-3　组织系统的组成

化的系统并充分发挥其功能来解决问题——因为这样的系统能够挖掘企业内部人力资源，用较少的劳动消耗实现企业目标，协调各部门、各环节之间的分工协作关系，保证企业经营活动顺利进行；能够把分工协作关系系统化、固定化，提高企业的劳动效率；同时也利于克服目前一些企业由于组织结构不合理而产生的弊端。在组织中，我们可以看到拥有不同技能和专长的人分别在为他们所负责的任务而工作，而组织结构则是协调所有成员不同活动的基础。

现代企业发展到一定阶段，就必然处于一定的部门和社会之中，要与外部环境发生经常的商品、货币、信息的交换和行政上的联系。这就要求企业组织还必须要有以下两方面的能力：

（1）要能适应外部环境的要求和变化，具有适应性。企业组织的适应性是其生命力的重要机制，是衡量企业是否正常运转的标准之一。

（2）商业企业组织要有相对的稳定性。它是保证企业经营活动正常进行的一个重要条件，也是组织系统建设的一条重要经验。

二、依靠分工实现组织的专业化和功能化——组织系统化的必然要求

组织作为一个系统，其完善的内部运行是决定效率和成败的一个关键要素。因此，

组织的结构与部门划分是否合理，分工是否恰当，不同部门和职能是否能有效协调，都对组织的发展有着重要的影响。

企业组织是分工协作的组织，也是社会分工发展和深化的产物。施蒂格勒在分析企业内部分工的情况时认为，一个企业的经济活动包含着许多不同的完成特定功能的操作，分工的发展过程就是企业将不同操作不断分离出去而由那些将这些操作专业化的企业来完成。盛洪据此给出了分工的定义，认为"分工就是两个或两个以上的个人或组织将原来一个人或组织生产活动中所包含的不同职能的操作分开进行"。依靠分工实现组织的专业化和功能化，是实现组织系统高效运转的必由之路。

分工从流程中来。企业的一切生产、经营、管理等方面的活动，都应当以战略为基础。从工作的角度来看，战略决定了组织的职能，每项职能又包含了不同的职责，而职责又是由任务组成的。从根本上说来，企业是由组织和人构成的。战略决定了企业的组织形态，组织由部门组成，部门由岗位组成，而分布在一个个岗位上的就是一个个的员工。每个人所在的岗位便是完成其任务的主体。因此我们说，功能从流程中来，这也是本套丛书的主要逻辑思路，如图 2-4 所示。

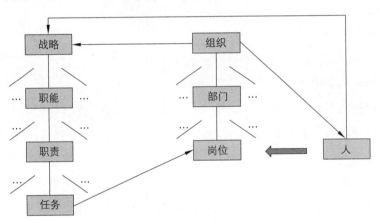

图 2-4　分工从流程中来

企业内部的分工，是建立在各类人力资本知识和技能的基础之上的。一方面，企业各类人力资本要完成不同的活动，必须具备基本的知识和技能。另一方面，企业组织成员长时间从事一种活动，又可以通过不断地学习、巩固和积累，从实干中学习，从学习中实干，熟能生巧，进一步提高熟练程度、专业技能并增加工作经验和知识，提高企业整体的组织能力，进一步提高企业组织的分工水平。

分工与协作是密不可分的。企业组织内部以分工为基础的协作，还可以从生产和交易两个方面培育和提高企业整体的组织能力。一方面，分工的发展可以使个人的技能和生产的技术得到进一步的发展，企业的技术进步和生产能力的提高，能够使企业使用更多的资源、知识和生产技术，提供更多的适合市场需要的产品和服务，以适应市场上千变万化的需求。另一方面，以发展的分工为基础的协作，对企业的组织协调和管理控制能力提出了更高的要求。钱德勒指出，"在一个企业内把许多营业单位活动内部化所带来的利益，要等到建立起管理层级制以后才可以实现"。当越来越多的生产和交易在企业内部进行组织时，大规模的生产和大规模的流通必然会提高企业组织内部生产和交易的复杂程度，因而需要更高的组织协调和管理控制能力。

分工可以使员工将其生产活动集中于较少的操作上，从而能够较快的提高生产的熟练程度，同时使员工节约或减少因经常变换工作或变换生产活动中的不同操作而损失的时间和物质生产资料。通过分工，人们的工作在既定技术水平条件下变得较为简单，企业的专业化发展还可以降低企业管理工作的复杂程度，提高企业的管理效率，对于技术进步来说也具有十分重要的意义。

三、用制度协调分工——组织高效运行的保障

组织作为一个系统，功能化和专业化是其高效率的保证，而这一切都离不开制度的保障。制度的创建与组织的创建几乎是同步的。那么，什么是制度？简言之，制度是企业中所有成员一切分工合作的基本规范，是成员在组织中的行为规范，任何成员都要遵守。一个组织的制度总是包含核心层（战略目标、理念愿景）、基础层（人事制度、财务制度、资产制度等）和扩展层（组织的行业特点和工作程序）。

从制度经济学的角度看，分工与专业化的发展产生了管理和专事管理的人。管理的本质就是协调分工。汪丁丁提出，"关于协调分工着的人们的这项工作的技能或知识，一旦积累多了，也需要找到一个载体，好像工具是物化的关于某种专门生产的知识一样，那些关于如何协调分工的知识倾向于被物化为制度。"制度，于是可以被理解成关于如何协调分工的人们的知识的载体。制度所包含的知识是专属于这个工厂的生产过程的，是一种被称作在该组织的成员中"共享的知识"，主要是通过建立一套习惯而共享一种企业文化。由于制度所物化的知识共享于在同一制度中分工与协调着的人们，每个人事先就能知道其他人对他的行为会作出的反应，这就大大减少了个人决策中的不确定性。也就是说，制度的功用在于它能够"降低交易成本"。

企业要通过组织制度的设计设定相应的层级机构为战略的实现服务，可以说制度是实施战略的载体，组织制度设计的好坏直接影响到战略的实施。在组织确定后，需要"人"切实将组织的目标变为现实，因此人力资源是支持组织达成战略目标的条件和资源保障，人与人的合作产生了团队工作。在团队工作中，各人之间的想法（动机）、行为都不同，因此需要一系列的管理制度加以规范，使所有团队成员朝着一个战略目标前进。因此，制度整合了战略、组织和人力资源等要素，随着战略的调整，调整组织、调整人力资源，促进企业发展。制度对于组织的发展具有重要的意义。它能有效整合各种要素，使得生产要素的所有者有可能组成一个经济组织，通过相互合作

产生出大于单独产出之和的成果；合理的制度能降低组织费用，节约组织成本，从而促进组织的发展；制度也是整合企业战略、组织和人力资源的纽带。制度的效力最终体现在执行上，制度不执行等于没有制度，执行不到位反而会削弱制度的效力。

管理离不开制度，但仅仅靠制度也绝不是好的管理。由于制度本身具有较强的刚性，容易造成僵化的问题，因此仅仅依靠制度，很多问题无法很好的解决。此外，由于制度的执行难度和执行成本都比较高，而文化是真正内化到人们行为当中的习惯，其反应速度和反应成本都相对较低。因此，面对制度无法解决的问题，就需要文化来对其进行整合。

第二节 人的平台——企业人力资源管理的载体

每个人在刚出生的时候都只是一个自然人，受先天遗传和后天生活经历的影响，形成了不同的价值观和人格，并逐渐完成了社会化的过程。当人们进入一个组织时，自身的价值观与组织的价值观出现差异，这种差异使得人们必须重新调整自己，以使得自己能够符合组织文化的要求。个体将组织价值观内在化并由社会人成长为组织人的过程就称为个体的组织化。

我们对组织的定义强调组织是由人组成的。从这个事实出发，不难想到我们可以从单个组织成员的角度来研究组织问题。每个人在进入组织之前都有着不同的经历，而管理者面对的正是这些有着不同社会经验的人。人们在组织中很少单枪匹马地工作，大多数工作都是通过组织成员的协调合作完成的。组织目标的实现，不可能只依靠一两个个体的行为。

要注意的是，组织文化与个人之间的影响并非完全是单向的，一方面个体在不断地适应组织的文化和行为规范；同时另一方面新加入组织的成员其自身所带的价值观与理念也在影响着组织原有的文化。

一、去我化的度——祛魅与返魅之争

组织当中的员工必须实现一个去我化的过程，以真正融入到组织当中来，这样才能实现组织的高效率。随着经济发展，企业的生产方式也在发生着翻天覆地的变化，受技术水平、生产氛围的影响，企业对于"去我化"这一概念的定义也有着显著的变化。从根本上说来，解决员工的去我化问题实际上是解决企业内部的效率与沟通问题。更确切地说，大规模时代更多解决的是效率问题，而现代企业则更多解决的是沟通问题。

（一）不需要个性——大规模生产时代的宣言

我们可以借用马克斯·韦伯的"祛魅"（disenchantment）一词来描述发生在工业

社会中人力资源管理的演变及其重要效果。马克斯·韦伯所称的"世界祛魅"，是指人类社会在近几个世纪中高举理性主义和科学主义的旗帜，通过建立现代科学和实现工业化来涤荡一切非理性因素，在这同时也剥离了事物的丰富的属性，譬如剥离了人的主体性、经验和感觉等。在 20 世纪最重要的、最具竞争力的生产模式——大规模生产的过程中，管理经历了一个"祛魅"的过程。对于大规模生产模式来说，"祛魅"既是这种生产模式的形成前提，又是其产生的结果。在管理"祛魅"和大规模生产模式形成的过程中，劳动者被视为由外在关系所决定的客体，要么被看作是被动的生产工具，要么被看作是制度所决定的，丧失了个人动机的不变因素。人的自决性、创造力和责任感这样一些主体特质完全被剥离了，工人甚至沦为由机器任意摆弄和控制的动物。所以，管理"祛魅"本质上是人的"祛魅"，大规模生产以人的"祛魅"为代价。

从机械论的世界观出发，泰勒认为人本质上如同机器，员工就是生产工具。他对管理的定义是，知道让人们做什么，并看着他们以最有效的方式来做。管理的核心是工作组织、高效监工、工作测量和激励。后继的法约尔、福特，乃至整个大规模生产时代，不需要个性成为实现人与组织匹配和人与工作匹配的捷径。

但是，人的"祛魅"会引起劳动者的强烈敌意，因而降低了劳动生产率和管理的效率，这不仅与大规模生产模式的初衷相悖，而且也损害了工业文明本身的意义。正因为如此，重新审视工业文明的意义，建立起一种恢复劳动者主体性特质的管理模式和生产方式，以适应现代迅速变化的市场环境，并进一步提高效率，一直是工业社会中管理理论和实践中的一股潜流，我们把这些现象称为"返魅"（reenchantment）。事实上，在管理的"祛魅"过程中，自始至终存在着"返魅"，即要求恢复人的主体性的主流。

（二）具备组织期望的特质，实现人与组织匹配

人和组织的匹配可以用人与组织匹配理论中的"要求——能力"观点来进行解释。这一观点认为，当个体拥有了组织所要求的特征和能力，就实现了人与组织的匹配。特质相容通常被定义为组织成员的个人特质与组织特质间的相容性，强调个人与组织分享共同特质，关注个人与组织的价值、目标、使命等的匹配。因此，现代企业里所说的"去我化"，已经不是大规模生产时代的完全"祛魅"和要求员工丧失自己的个性，而是强调员工能够具备和组织相匹配的特质。

新员工在进入组织时，一般都带有自己的一套价值观、态度、期望以及生活习惯。开始组织生活后，一般会面对期望与现实不相符的情况，而组织特性是不容易，甚至是不可能被改变的，因此大多数情况下应当通过改变自己的特质来适应组织。关于这一点，我们可以用联想的"入模子培训"来形象地说明。

在联想，"入模子"是一个深入人心的词。联想集团的"入模子培训"，就是要培

养具有联想血型的人。柳传志经常说："不管是什么样的人进入到联想，都要熔化在这个模子里。"

"入模子培训"是指联想的入职培训，就是要把社会人变成联想人。联想所有的新员工必须参加为期一周的封闭式的"入模子培训"，且考评合格后，方可有资格转正。早期全体职员都必须到联想总部参加培训，后来各分部的新员工人数达到 30 人开班的条件时，方可在本地就近开班，但讲师必须都是总部派来的或经总部资格认证的。联想的入职培训不仅包括联想的发展史、企业文化和制度流程，还包括通用职业技能和管理技能的培训；不仅学习本岗位的专业技能，还学习全公司各业务板块的有关知识；不仅学习上下游企业的有关知识，还学习著名成功企业尤其是同行业领先型企业的有关知识。以保证新员工对联想知之深、爱之切、行之坚。联想认为，企业有血型，符合这个血型的人，才能成为联想的员工；不符合这个血型的人，联想与之无缘。联想的培训就是培养出具有联想血型的人。联想需要三种血型的人：能独立做一摊事情的人；能够带领一帮人做事情的人；能审时度势，一眼看到底的领军人物。

从本质上说，这个"入模子"的过程，就是人与组织特质相容的过程。不同于大规模时代的去我化，而是强调员工具备与组织特质相匹配的特质，从而达到去我化，并进一步实现提高组织效率的目的，这一理念具有十分现实的指导意义。

（三）第三条道路——中国企业的选择

实现去我化是提高组织效率的必由之路，对员工个性尊重和充分发挥的呼声也越来越高。而在我国企业中探讨到底是"祛魅"还是"返魅"的问题，既要看生产所处的阶段，也要立足于中国的实际。计划经济从本质上来讲是一种"祛魅"的经济，通过计划管理对人进行控制。从根本上说，这里不需要发挥人的主体性特质，需要的只是工具理性。从当前中国企业的员工状况来看，他们既未经受泰勒制的训练，又未接受"福特主义"的意识灌输，同时却又经历着现代企业变革的洗礼。在这种情况下，如果实行完全的"祛魅"，即忽视员工的个性，通过高度的专业化分工和片面提倡高效的重复性劳动来发展生产，或许在一些生产制造型企业中可以达到提高企业生产效率的目的，但终究具有较大的局限性，例如员工生产积极性的降低，员工满意度的下降，等等。但是，在中国的实际情况下要求全面实现"返魅"也是不现实的。在一些高新技术产业或者科研单位中，确实需要强调人的个性来实现创新，从而实现组织的高效率。但是，这些都应以人与组织的特质匹配为前提，即我们说的第二种形式的去我化。此外，很多管理理论关于"管理理性和工人非理性"的假设本身也具有很大的局限性，因为管理的理性是有限的，而员工的行为也不可能完全非理性。从这点出发，我们也不太赞同彻底的"祛魅"。

二、没有规范，不成方圆

个体去我化的实现要依靠规范。所谓规范，是指人们共同遵守的一些行为规范。广义的规范包括社会制度、法律、纪律、道德、风俗和信仰等，这些都是一个社会里多数成员共有的行为模式。所有组织都形成了自己的规范。组织通过自己的规范让群体成员知道自己在一定的环境条件下，应该做什么，不应该做什么。对于每位成员来说，群体规范就是在某种情境下组织对他的行为方式的期望。一旦规范被组织成员认可并接受，就成为了一种影响组织当中人的行为的有效手段了。简单说，规范是指群体所确立的行为标准。它们可以由组织正式规定，也可以是非正式形成。其中，正式规范是写入组织手册和规章制度的，规定着员工应当遵循的规则和程序，还有一些规范是非正式的，并非明文规定。一般来说，规范可以被划分为绩效、形象、社交、资源分配等几个方面。

规范不是一天两天就形成的，它的形成是一个产生—强化—固化的过程，是需要一段时间的。一般来说，组织规范是在组织成员掌握使组织有效运作所必须的行为过程中逐步形成起来的。大多数组织规范是通过以下三种方式中的一种或几种形成起来的：

- 重要人物明确的陈述。陈述者通常是群体的主管或某个有影响力的人物。
- 群体历史上的关键事件。有的规范是因为某些事件发生后才制定出的。
- 过去经历中的保留行为。以往的经历会对人的某些行为进行强化，人们习惯性地认为自己应该这样或那样做。

组织规范作为组织内员工的行为规范，是每个成员都必须遵照执行的行动准则，如果谁违背了这些准则，便会受到集体舆论的谴责，或者受到批评和处分。事实上，组织规范是组织文化的一个剪影。组织规定了员工行为规范，希望能够实现员工规范行为，提高素质，从而促进工作效率的提高。一般来说，组织规范主要有基本行为规范和工作行为规范两个方面。

- 基本行为规范。基本行为规范主要涉及的方面有：遵纪守法，崇尚道德、文明礼貌、注重仪表、诚信严谨、真诚沟通、厉行节约、乐于助人、注重健康等。
- 工作行为规范。工作行为规范主要涉及的方面有：热爱事业、遵守制度、规范着装、团队协作、服务热诚、首问负责、严格保密、敢为人先、作风严谨、高效办公、规避风险、恪守职规等。

第三节 文化整合——两大平台，相得益彰

组织的管理上升到最高层次是文化的整合。组织管理的每一个环节无不受到文化的影响，文化是组织行为与组织管理的原动力。从制度经济学的角度来看，文化的功

用在于它是信息的载体，在于由它所生成的习惯势力，在于生长在同一文化氛围内的人们共享着它所载的信息，而交易成本亦由此而降低。

文化是可以操作的，所谓组织文化，是指组织在长期的生产和经营中所形成的、为组织多数成员共同遵循的基本信念、价值标准和行为规范。它使组织独具特色，区别于其他组织。文化的形成对组织中人的行为和管理起到规范化整合作用。此时，文化的特征会在自然状态下融入组织的管理过程，成为决定性的组织成长要素。组织管理的文化整合是组织成长最原始的驱动力，也是其不断追求的终极目标。

文化作为一种意义形成和控制机制，能够引导和塑造员工的态度和行为，帮助组织成员理解什么行为是可以被接受的，什么行为是不可以被接受的价值观。组织文化中的核心理念、隐含规则对组织中每一个成员的心理和行为产生一种约束和规范作用，这种约束规范引导并塑造着成员的态度和行为，使得组织成员的信念、行为与组织的要求尽可能一致，而一些不符合公司核心价值观和公司战略目标的行为则受到抑制。组织文化弥补了管理制度的缺陷，是一种投入代价小、影响范围大的高层次管理，它追求的是无为而治的境界。

制度与文化的关系是辩证统一的：制度建设促进组织文化的形成和成熟，反过来组织文化又影响着制度的制定和实施。当组织的决策者和管理者需要将组织文化向某个方向引导时，制度是最直接和最有力的手段。无形的组织文化通过有形的制度载体得以表现，有形的制度中渗透着无形的组织文化。当制度内涵未被员工心理认同时，制度至多只是一些规则，对员工只起外在的约束作用；而当制度内涵已被员工心理接受、并自觉遵守时，制度就变成了一种文化。当组织文化成熟到超越制度的水准，这种文化又会催生新的制度。制度与文化的关系又是相辅相成的：制度再严密也不可能凡事都规定到，但文化时时处处都能对人们的行为起约束作用。制度是强制性的，但它的刚性却可能会招致执行者的抵触；文化是导向性的，但往往是一种软性的暗示、氛围更能引起共鸣，更能留下深刻印记。因而制度永远不可能代替文化的作用。当然，也不能认为文化可以代替制度，两者在互动中共生，在互换中共存。

组织文化有着规章制度不可替代的作用。文化的影响通过组织过程表现出来，通过政策和规定的实质、计划和控制、信息的处理和交流以及决策等管理过程得以体现。这也就要求组织要建立独一无二的文化，通过文化整合组织运营的所有活动。

组织的管理进入最高层次是通过文化的整合来带动企业的提升。通过组织文化的功能作用于组织的管理和制度，实现组织文化对管理和制度的整合。制度是硬件，文化是软件，硬件是中性的，而通过具有价值判断的文化整合后的制度设计更具有行为的导向和约束作用。在特定组织文化中的制度将体现组织文化的价值。

组织文化对管理的影响主要体现在企业经营策略、管理制度和体制三个方面，并对三个层面进行整合，如图 2-5 所示。

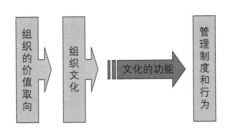

图 2-5 组织文化对管理的整合

组织的价值取向通过组织文化的功能在组织中实现。在组织价值观取向的引导下，组织文化使组织成员形成统一的价值观，组织的制度鼓励员工向组织既定的目标努力。组织的价值观在文化系统中得到维系，形成共同的行为规范。在制度失效的情况下，组织文化可以实现对组织成员的激励和约束。

文化的引导使得组织的制度体系具有了个性的特征，形成了统一的方向，降低了沟通的成本，效率得到不断地提升。企业文化的最高境界，应当是其控制过程和执行结果既为行为主体视为自然而然的，使其具有不可抗拒的约束效力，又不使行为主体永远无条件地服从，从而失去必要的创造力和积极性。

通过组织文化的整合，达到对企业管理的最高层次是企业家的追求，也是企业向卓越发展的体现。我们似乎可以给出一个组织有效运行的管理轨迹：

- 形成组织的战略，战略是组织运行与发展的方向。确定了战略的组织才会显现出持续发展的生命力。没有战略，或忽视了战略存在的重要作用，就等于是失去了企业的发展方向。
- 战略形成之后，随之而来的问题就是解决如何建立有效的组织，并通过组织的架构支持战略的实施。组织是战略实现的载体。
- 在解决了战略的制定、组织的设计之后，管理的任务自然转移到人力资源这一核心问题上。此时，我们关注两个方面：一、以最具优势的人力资源组合，通过有组织的形式达成组织的战略目标；二、形成一整套有效的人力资源管理体系。
- 在战略既定，组织形成，人员配置三个要素的组合中，如何通过制度管理的方法提升组织的管理效率，是推动企业的成长的关键。
- 最后，企业文化作为一种管理整合的要素，使组织的管理与发展进入到最高境界，完成了一个基本的组织生命周期的有效运行。

至此，我们系统的完成了对人力资源管理两大平台——组织与工作系统，以及人力资源两个系统的讨论。其最终目的只有一个：保证组织以最有效的方式，在战略条件下实现组织的目标。

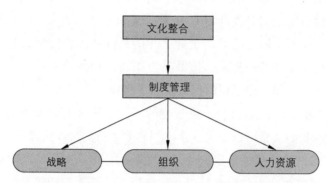

图 3-1　组织与人力资源管理制度设计五要素模型

研究组织与人力资源管理首先从战略出发，战略是组织形成与发展的指引和方向。企业的发展战略能确保企业的行为适应市场竞争的需求，而按照企业战略确定的宗旨和方针设计和实施相应的人力资源管理，保障了企业的管理行为能够按照战略确定的方向前进。

组织是实施战略的载体。一个企业要有效的实施战略，必须建立适宜的组织管控模式和组织结构，使其与战略匹配。组织就是指对完成特定使命（战略）的人力资源进行系统性安排。

人力资源是支持组织达成战略目标的条件和资源保障。人永远是组织的核心，组织没有人就不会存在，而大多数成功组织之所以能够成功的关键也就在于能依靠不同人群的通力协作来实现共同的目标。因此，对于组织中的人如何进行有效的管理、如何让人成为真正能带来价值增值的资源，就成为了企业界所共同关心的话题。

同时，制度设计解决了组织发展过程中的管理提升问题。战略、组织、人力资源构成了组织管理制度设计的基础平台，如何使三个互相关联的要素更好地支持组织发展成为企业经营管理者最为关心的议题。制度作为提升组织管理水平的关键性管理要素，确立了其在组织管理制度设计的核心作用。

最后，文化整合是组织管理的最高层次。忽视了企业的文化建设就等于失去了组织的筋骨。缺乏足够的成长机制，企业未来的发展一定会出现问题。因此，可以把组织管理的文化整合看成组织成长最原始的驱动力，也是其不断追求的终极目标。

第一节　愿景牵引——战略对组织的重要意义

研究人力资源管理应当首先从战略出发，战略是组织形成与发展的指引和方向。麦肯锡的一项研究表明：成功的企业基于两种原因，一是必须有明确的发展战略；二是以有限的资源组合专注于组织目标的实现。同时，理性也告诉我们两条定律：组织生存的环境资源是有限的；组织的能力是有限的。因此，这两个有限条件决定了组织的发展只能选择有限目标的实现。那么，有一个至关重要的问题亟待回答：为什么组织的发展首先依赖于战略的制定？

原因在于：战略决定了组织的发展方向，决定了组织的构成，并且决定了组织管理的内容。既然战略如此重要，那么，到底什么是战略？战略为何如此重要？企业又该如何制定战略？

一、何为战略——战略的定义和内涵

关于战略的定义，学术界有许多种不同的描述。其中，明茨伯格（5Ps 理论）较为全面，他把战略定义为五个方面：

（1）战略是一种计划：强调企业管理人员在有意识进行领导，凡事谋划在先，行动在后。

（2）战略是一种计策：强调战略是为威胁或击败竞争对手而采取的一种手段，重在达到预期竞争目的。

（3）战略是一种模式：强调战略重在行动，否则只是空想。

（4）战略是一种定位：强调企业应当适应外部条件，着力形成一个产品和市场"生长圈"。

（5）战略是一种观念：强调战略是人们思维的产物，战略过程的集体意识，要求企业成员共享战略观念，形成一致的行动。

简单的说，战略就是要明确自己是做什么的，然后研究怎么做这件事情。它包括三个要素：远景，目标和方法。不难发现，那些生命力强大的企业大都是一些专业化公司，他们具有明显的专业化特征。当这些企业充分、合理地利用有限的组织资源为社会提供专业化服务的同时，企业自然地完成了其发展的过程。这就是我们通常所说的基于企业核心产品的核心竞争力。

企业的发展依赖于竞争。为什么同一产业的企业，有的成功，有的不成功？成功的企业为什么成功，失败的企业为什么失败？迈克尔·波特从战略角度的解释是，因为二者实行的战略不同，聚焦的产业关键成功因素不同。但实践表明，事情并非如此简单。问题在于，即使是针对同样的产业关键成功因素，并采取相似的战略，企业各自的绩效仍然差距巨大。这又怎么解释呢？为什么同样的战略会有不同的结果呢？

哈佛大学战略管理教授潘卡·盖莫沃特的解释是，因为每个企业的投入和承诺不同。按照盖莫沃特的观点，战略是一种坚持不懈的承诺和投入，是一种义无反顾的献身。承诺是战略本身固有的性质。战略之所以必须坚持不懈，是因为它投资的要素具有持久性、专用性、不可交易性，对于企业战略来说，过去的选择约束着目前的选择，而目前的选择又约束着未来的选择。盖莫沃特强调，战略承诺的不可逆转性，意味着必须在战略制定和抉择中坚决克服近视症。他还进一步指出，承诺和投入是对企业之间存在持久差异唯一的一般性解释。当同一行业中相互竞争的企业都认识到该行业的关键成功因素时，最终的成功就取决于承诺和投入的决心和持久性。所以，凡是获得巨大成功的企业家都依赖于有限资源条件下的有限决策，只关注少数投入密集型的决策造就了成功的企业和企业家。

上述观点对中国企业和经营者极具指导意义。它揭示了为什么改革开放三十多年，中国企业仍然在许多关键领域中与世界级竞争对手存在巨大的技术差距，为什么在众多行业中我们的企业长期处于世界产业链的谷底？原因是我们在那些技术密集和要求长期大量投入的领域中，缺乏义无反顾的决心和承诺。对中国企业来说，重要的不仅在于制定战略，更在于实施战略的决心和承诺。

其实，对于处于追赶地位的中国企业来说，发展的方向往往是清楚的，关键在于不同的企业实施战略的决心、投入的强度和速度，而速度又取决于投入强度，投入强度又取决于决心。那么，什么妨碍了中国企业领导人做出长期的战略承诺呢？一个客观原因是我们的企业规模小，实力不足，许多企业长期为生存所困扰，无暇顾及长远的发展。市场的中高端产品利润丰厚，但要开发中高端产品，必须从低端产品一点一滴地做起，慢慢积累技术和运行经验，这是我们的现实。要解决这个问题，只有缩短战线，先从点上突破。最初开发出的产品可能连一台都卖不出去，进一步开发的下一代产品可能还收不回投资，但只要坚持不懈，最终一定会走出发展的途径。只要我们看到中国的企业是如何从一些国外品牌，如计算机、电视、手机等领域，逐步登陆市场，拼抢市场，最终成就事业，中国企业的发展就充满了信心。

二、为何要有战略——战略对组织发展的重要性

战略管理关系到企业的生死存亡，把握着企业的发展方向。它是基于对未来经济、

技术和文化趋势的预测而着眼于未来的发展；它强调主动性和进攻性；它是建立一种强大而灵活的态势；它强调一种理念或思维方式；它以变革为实质。

美国管理学者高登·葛瑞德利（Gorden Greendley）在《战略规划改善公司运作》一书中指出，战略管理呈现下列四方面的利益：

（1）战略管理考虑到机会的鉴定，提供了一个管理问题的目标观点，并构筑一个框架，改善活动的协调和控制。

（2）战略管理使相反的条件和变化所产生的影响达到最小，促进主要决策更好地支持已建立的目标，促进机会选择以更有效地分配资源和时间，并使用较少的资源和很少的时间专门用于纠正错误，或做出特别的决定。

（3）战略管理创造一个在人际之间协调交流的框架，肯定每个人作出进入整体的努力，提供一个明确雇员责任的基础，鼓励管理决策人员超前思考。

（4）战略管理以积极态度对待难题和机会，鼓励人们面对变化采取进取行动并有序地管理业务。

由此可见，战略管理如同企业的航标和指路灯，指引着企业向正确的方向运作。企业的发展应当以战略作为原则。如果企业在战略目标的制定和执行中出现失误，企业由此形成的损失将是不可估量、无法挽回的。因此，企业家们不仅要认识到战略管理的重要地位和作用，尤其要把握企业战略的实质，正确地认识战略，以便更好地利用企业战略。

三、形成组织发展战略

1. 制定企业战略应注意的问题

企业是在一定的环境中生存的。企业的生产经营活动必然要与环境中的各种各样的因素发生联系。因此，企业在制定战略时，必须在正确处理这两种相互关系的基础上，分析自己所处的环境和现有资源的经营能力，而且要动态的分析在战略实施的过程中各种资源可能发生的变化，以及由此对企业竞争力的影响，以保证自己的发展，实现自己的战略目标。

为了选择适当的战略目标，企业必须通过选择合适的经营范围来确定与自己有关的外部关联体，并设法通过联合经营、合并、购买等形式，与外部企业建立有利于自己的联系。为了维护企业的独立性，企业应该在各种重大决策的各个环节上，有企业自己的独立决定权。

除了一般的环境因素外，企业还要考虑其内部影响因素，诸如人力资本、技术资源、组织要素、资本优势等，其中，企业的文化和个人价值观念是企业内部重要的影响因素。

企业文化是企业组织中员工共同的价值观念和行为规范，对整个企业的战略活动过程不可避免的产生影响。而企业管理人员，特别是高层领导人的价值观念、抱负和胆识，对企业战略的形成与实施有着重要的影响。在其他战略决定因素相对稳定的情况下，企业文化与个人价值观念甚至可以对整个战略活动起着举足轻重的作用。

更重要的是，在制定战略时，企业要分清战略决策和业务决策的区别。企业的战略决策是通过所制定的战略，回答涉及现有产品与市场、新的市场、新的产品以及现有企业与环境之间的联系问题。同时，企业战略涉及企业的未来，要对环境做出反应，并能发展与环境的关系。在进行战略决策时，企业的经营者是变化的寻找者，敢于冒险，具有解决发散型问题的能力，并且善于引导他人探索新的、未曾尝试的管理途径。在进行业务管理时，管理人员总是变化的吸收者，总是小心翼翼地避免冒险，解决的是收敛型问题，扮演的是诊断者、协调者和控制者。他们所作的只是激励人们去解决问题，而不是改变企业的方向。

因此，在进行战略决策时，应该注意以下问题：

（1）决策目标要具体明确，不能含糊不清或抽象空洞。否则，企业的战略决策就不能起到应有的指导作用。

（2）制定战略决策要考虑获利能力，选用能以最小的投入获得最大的产出或以最小的成本获得最大的收益的方案。

（3）战略决策必须可行。即能够为内部各部门和外部环境所允许，并能顺利的实施。

（4）制定战略决策必须要考虑社会责任。企业的存在与发展离不开社会的支持和制约，应该把企业利益和社会利益结合起来。

2. 选择正确的战略形成方法

不同类型与规模的企业以及不同层次的经营管理人员，在战略形成的过程中会有不相同的形式。小规模的企业，所有者兼任经营者，其战略一般都是非正式的，主要存在于经营者的头脑之中，或者只存在于与主要下级人员达成的口头协议之中。而在大规模的公司之中，战略是通过各层经营管理人员广泛的参与，经过详细复杂的讨论和研究，有秩序、有规律地形成。

根据不同层次经营管理人员介入战略分析和战略选择工作的程序，可以将战略形成的方法分为四种形式：

（1）自上而下的方法。这种方法是先由企业总部的高级管理人员制定企业的总体战略，然后由下属各部门根据自身的实际情况将企业的总体战略具体化，形成系统的战略方案。这一方式最显著的优点是：企业的高层管理人员能够牢牢把握整个企业的经营方向，并能对下属各部门的各项行动实施有效的控制。缺点是：这要求企业的高层管理人员制定战略时必须深思熟虑，战略方案务必完善，并且还要对下属各部门提供详尽的指导。同时，这一方法也约束了各部门的手脚，难以发挥中下层管理人员的积极性和创造性。

（2）自下而上的方法。这是一种先民主后集中的方法。在制定战略时，企业最高管理层对下属部门不作硬性的规定，而是要求各部门积极提交战略方案。企业最高管理层在各部门提交战略方案的基础上，加以协调和平衡，对各部门的战略方案进行必要的修改后加以确认。这种方法的优点是：能够充分发挥各个部门和各级管理人员的积极性和创造性，集思广益。同时，由于制定战略方案有广泛的群众基础，在战略实施过程中也容易得到贯彻和落实。不足之处是：各部门的战略方案难以协调，影响了整个战略计划的系统性和完整性。

（3）上下结合的方法。这种方法是在战略制定的过程中，企业最高管理层和下属各部门的管理人员共同参与，通过上下各级管理人员的沟通和协商，制定出适宜的战略。其主要优点是：可以产生较好的协调效果，制定出的战略更加具有操作性。

（4）战略小组的方法。这种方法是指企业的负责人与其他高层管理者组成一个战略制定小组，共同处理企业所面临的问题。在战略制定小组中，一般都是由企业的最高负责人，如 CEO 任组长，而其他的人员构成则具有很大的灵活性，由小组的工作内容而定，通常是吸收与所要解决的问题关系最密切的人员参加。这种战略制定方法目的性强，效率高，特别适宜于制定产品开发战略，市场营销战略等特殊战略。

第二节　结构跟随战略——选择组织管控模式

战略是企业生存的核心，组织管控则是实现集团战略目标的重要措施。集团战略不同，会要求采用不同的管控模式，管控体系是为实现集团的业务战略目标服务的。不同的管控模式又决定了企业应当采取不同的组织结构形式。组织结构设计为一个组织的运作提供了载体和支撑。企业集团组织结构设计是集团管控体系的重要组成部分，影响着管控措施的落实和功能实现。合理的组织结构设计是企业核心竞争力的一大来源，是企业集团生命力延续的保障，也是企业战略实现的基础。

一、战略选择对组织管控模式的影响

1. 几种典型的组织管控模式

组织管控模式是指组织总部在管理下属企业中的定位，对企业集团管控模式的分析是实现对集团企业管理提升的前提。集团管控类型划分流传最为广泛的是"集团管控三分法"理论，即财务型，战略型，操作型。

（1）财务型管控。财务型管控模式是指集团对下属子公司的管理控制主要通过财务手段来实现，集团对下属子公司的具体经营基本不加干涉，也不会对下属公司的战略发展方向进行限定，集团主要关注财务目标的实现，并根据业务发展状况增持股份或适时退出。一般适用于没有明显主导产业的无关多元化企业。表 3-1 概括了财务型管控的一些特点。

表 3-1 财务型管控模式特征

维　度	财务管控型
目标	追求资本价值最大化
总部定位	投资决策中心
管理方式	以财务指标考核、控制为主
总部职责	总部负责集团的财务和资产运营、集团的财务规划、投资决策和实施监控、外部企业的收购兼并 总部的职能人员主要是财务管理人员
下属单位	下属单位业务相关性很小

财务型管控的优点在于：

① 母子公司之间的产权清晰，子公司成为完全独立的经济实体；

② 母公司的投资机制灵活有效。子公司发展得好，母公司可增持；子公司发展不好，母公司也可退出，可有效地控制母公司的投资风险；

③ 母公司可以专注于资本经营和宏观控制，减少了母子公司之间矛盾。

缺点在于：

① 控制距离过长，信息反馈不顺畅；

② 母公司与子公司之间信息不对称，难以实施有效的控制；

③ 子公司内部容易产生事实上的内部人控制；

④ 母子公司的目标容易不一致，不利于发挥总部优势。

在这种模式下，集团公司的战略规划、投资决策、物资采购、经营计划及费用预算、业务控制、人事、财务控制、制度优化、品牌文化管理等各方面的权限如图 3-2 所示。

（2）战略型管控。战略型管控模式是指集团的核心功能为资产管理和战略协调功能。集团与下属子公司的关系主要通过战略协调、控制和服务而建立，但是集团总部很少干预子公司的具体日常经营活动。集团根据外部环境和现有资源，制定集团整体发展战略，通过控制子公司的核心经营层，使子公司的业务活动服从于集团整体战略活动。一般地，这种情况比较适用于相关产业企业集团的发展。适用于企业多元化发展到一定阶段，但更多是相关多元化，子公司之间存在关联交易的集团。表 3-2 概括了战略型管控模式的一些特点。

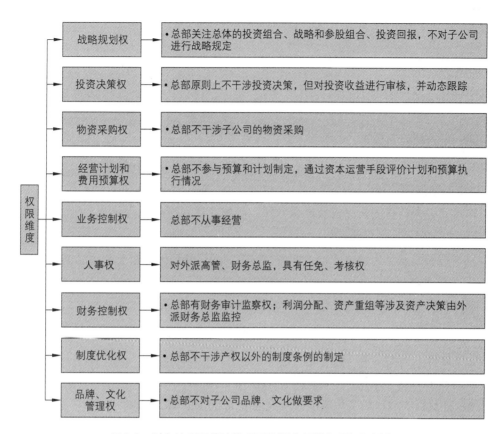

图 3-2　财务控制型管控模式下集团公司的各项权限划分

表 3-2　战略型管控模式特征

维　度	战略管控型
目标	追求集团公司总体战略控制和协同效应的培育
总部定位	战略决策和投资决策中心
管理方式	通过战略规划和业务计划体系进行管理，主要是年度报告或季度报告
总部职责	总部负责集团的财务、资产运营和集团整体的战略规划 例如下属单位的战略发展规划、企业资产运用、全面预算划拨、企业绩效管理和统一技术开发等 总部的主要工作是综合平衡、提高集团综合效益 例如协调下属单位之间的矛盾、平衡各企业之间的资源需求、高级主管的培育、经验的分享等
下属单位	下属单位业务的相关性要求很高

总的来说，与操作型管控模式相比，战略型管控模式的采用将进一步强化子公司的独立运作能力，但总部的业务管理功能将弱化。在战略管控模式下，子公司作为独立的业务单元和利润中心有着完善的运作职能和决策权，总部将作为规划、监

控与服务平台存在；总部采用战略性指标对子公司的运作结果进行考核，但考核只进行到子公司总经理一级。如果集团公司要采取战略控制型的管控模式，则需要进行以下转变：

① 强化战略控制部门和财务部的建设，战略控制部门具备战略规划和战略监控职能；

② 财务部将具备财务监控职能；

③ 该产业的市场、生产、技术等相关职能将弱化至宏观监控职能。

战略型管控的优点包括：

① 母子公司的机制是决策和执行分开，产权经营和产品经营分开，母子公司目标明确，可以实现子公司的激励；

② 母公司与子公司的资产关系明晰，母公司的风险局限在对子公司的出资额内；

③ 母公司专注于战略决策和资源部署，通过决策控制保证母子公司的整体发展方向，有利于发挥总部优势；

④ 相对扁平的组织架构，可以减少决策环节，大大提高决策效率和企业的应变能力，并且有利于单一产业的企业实现快速复制式的规模扩张；

⑤ 这种管理模式用于进入成熟期、管理体系相对健全，具有明确的战略规划和战略管理，并且需要对市场变化做出快速反应的子公司进行的管理。

缺点包括：

① 母公司配备人员较多，管理层次较多；

② 信息反馈的及时和顺畅程度会影响战略决策的正确性；

③ 战略管理协调功能的执行不好会造成母子公司矛盾；

④ 扁平的组织架构应与相应的决策流程和母子公司的治理体系相结合才能发挥真正的作用。

在战略控制型的管控模式下，集团公司的战略规划、投资决策、物资采购、经营计划及费用预算、业务控制、人事、财务控制、制度优化、品牌文化管理等各方面的权限如图3-3所示。

（3）操作型管控。操作型管控模式是指通过母公司的业务管理部门对控股子公司的日常经营运作进行直接管理，特别强调公司经营行为的统一、公司整体协调成长和对行业成功因素的集中控制与管理。值得注意的是，我国国有大型企业在发展集团化的初期，往往要经历这个阶段。一般而言，操作控制型管控模式适用于母公司直接从事生产经营，母子公司关系密切，人员配备较多。一般适用于单一产业或企业在多元化的初期。表3-3概括了操作型管控模式的一些特点。

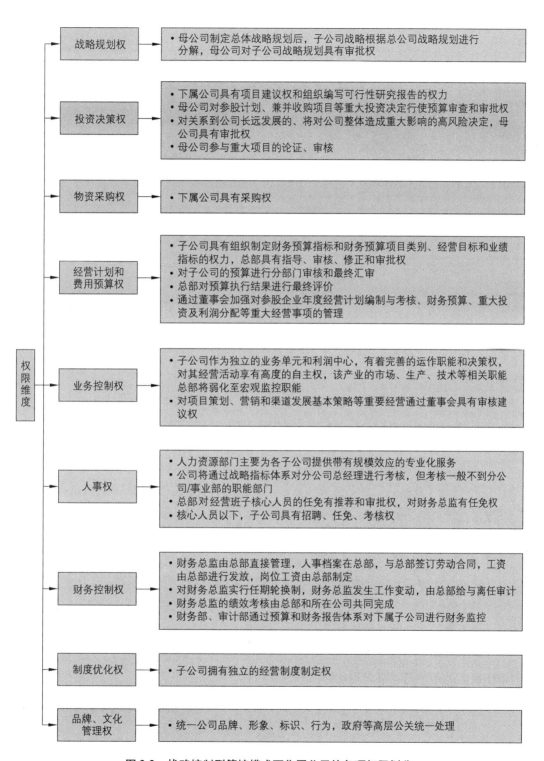

图 3-3　战略控制型管控模式下集团公司的各项权限划分

表 3-3 操作型管控模式特征

维　度	操作管控型
目标	追求企业经营活动的统一和优化
总部定位	经营决策中心和生产指标管理中心
管理方式	直接管理集团的生产经营活动（或具体业务），从战略规划制定到实施几乎什么都管
总部职责	总部负责对下属单位同类管理领域的组织协调和集中化处理；例如，在财务、营销、研发、市场等方面
下属单位	下属业务的相关性要求很高

操作型管控模式的采用需要大幅提升总部该方面业务的管理能力，下属公司仅仅成为操作执行层面。在操作型模式下，集团总部具有较强的业务管理能力，其职能部门完善；下属公司权限将弱化至操作层面，但可作为利润中心、成本中心存在；总部业务部门将对下属分公司的对口部门进行业务管理，并通过对其进行业务考核的方式来强化管理；下属公司可以作为利润中心进行考核，但其关键经营活动将由总部统一规划，受总部集中控制。因此，要实施操作型管控模式，就必须进行以下转变：

① 大部提升集团总部在经营、生产运作、技术等方面的业务管理能力；

② 加强总部的行业内人才资源开发力度；

③ 弱化分公司权限，核心职能权限上收；

④ 建立总部职能部门对下属公司对应职能部门的管理、考核关系；

⑤ 总部设立具体的业务管理部门，对子公司的相关业务进行对口管理。

操作型管控模式的优点是：

① 子公司业务的发展受到母公司的充分重视；

② 由于母公司的职能部门与子公司相应的职能部门的控制关系，控制距离短，母公司能够及时得到子公司的经营活动信息，并及时进行反馈控制，控制力度大；

③ 子公司的经营活动得到母公司的直接支持，母公司能够有效地调配各子公司的资源，协调各子公司之间的经营活动；

④ 这种模式对于初创期的企业，在管理制度和体系不很健全的情况下，或是针对总部中新建的子公司可以起到很好的管控作用。

缺点则包括以下几个方面：

① 母子公司资产、经营一体化导致母子公司的产权关系不够明晰，母公司的风险增大；

② 集权与分权关系敏感，若处理不当会削弱整个组织的协调一致性；

③ 子公司往往只重视眼前利益，子公司的长期激励不足；

④ 由于管理部门重叠设置，管理线路多，会导致母公司与子公司的职能部门互相扯皮，管理成本增加；

⑤ 随着子公司的不断扩张使总部相应的职能部门工作负担逐渐加重，对子公司的有效管理和考核越来越难，扩张至一定阶段后工作效率反而下降，反应时间滞后，弱化甚至抵消原有的效益。

在战略控制型的管控模式下，集团公司的战略规划、投资决策、物资采购、经营计划及费用预算、业务控制、人事、财务控制、制度优化、品牌文化管理等各方面的权限如图 3-4 所示。

不难发现，财务型、战略型和操作型这三种管控模式的集权和分权程度是不同的。财务型更偏向分权，操作型更偏向集权，战略型居中，因此，这三种模式在公司与下属分公司关系、战略目标、管理手段、应用方式、业务介入、人事管理、业绩管理、资源及共享服务等方面也各有其特点，在实际运用当中应当注意区分。

2. 战略决定管控

（1）影响组织管控模式选择的因素。集权、分权管控模式的选择不能一概而论。采取何种集团管控模式要以能为集团带来最大化价值为标准，要能给总体的经营单位带来超出各自简单相加的业绩效应，实现组合价值。在进行集团管控模式选择和设计时，首先应当遵循以下基本原则：

① 以战略为核心的组织设计。以公司战略取向决定组织结构和功能的设置，而组织的设计应保证战略的有效实施。

② 管理明确原则。即避免多部指挥和无人负责现象。

③ 精干高效原则。在保证公司任务完成的前提下，应力求做到机构简练，人员精干，管理效率高。

④ 权责利对等原则。公司每一管理层次、部门、岗位的责任、权力和激励都要对应。

⑤ 专业分工和协作原则。兼顾专业管理效率和集团目标、任务的统一性。

⑥ 有效管理幅度原则。管理人员直接管理的下属人数应在合理的范围。

⑦ 执行和监督分设原则。保证监督机构起到应有的作用。

⑧ 客户导向原则。组织设计应高保证公司以统一的形象面对顾客，并满足顾客需要。

⑨ 灵活性原则。保证对外部环境的变化能够做出及时、充分地反应。

在这些原则的基础之上，战略地位、资源相关度、自身发展三个大板块的内容恰好回答了集团管控当中所面临的需不需要、能不能够和应不应该三个方面的问题。根据这几个板块所划分出来的维度对集团进行评估，我们可以大致确定集团所适合的管控模式究竟为哪种（见表3-4）。

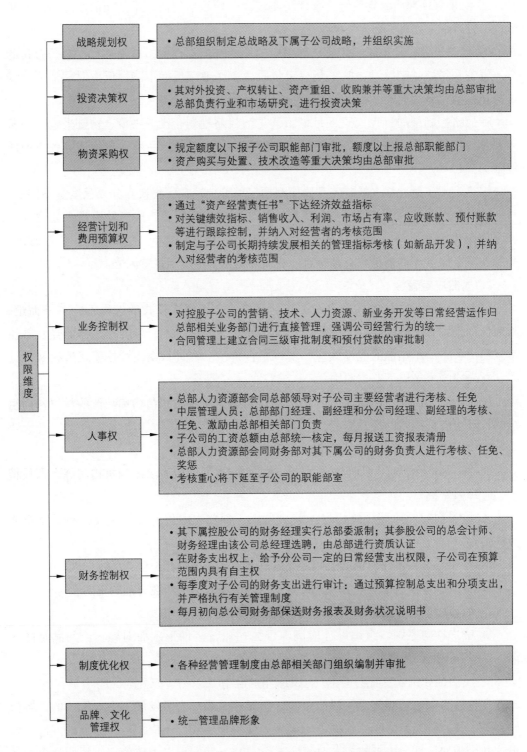

图3-4 操作控制型管控模式下集团公司的各项权限划分

表 3-4　选择管控模式的三大问题（来源：仁达方略数据库）

问题	指　标	维　度	评　估　方　法
需不需要	战略地位	战略核心 战略重点 战略从属	从短期出发，目前的销售收入和利润占集团总额的比例 从长期出发，是否是集团未来的核心和支柱业务
能不能够	资源相关度	高相关度 一般相关性 低相关度	政府资源、技术资源、市场资源（品牌、客户群、销售网络等）、人力资源、供应链资源的内在相关性
应不应该	自身发展需要	起步阶段 成长阶段 成熟阶段	企业组织结构的稳定性（功能和部门配置是否比较健全、人员配置是否到位、人员结构是否稳定） 企业销售收入的稳定性（是否有比较稳定的客户资源或占有一定的市场份额）

图 3-5 所示的是确定管控模式的矩阵模型，我们可以得到以下结论：

① 战略地位越重要，越倾向于采用操作型管控模式；

② 资源相关度越高，越倾向于采用操作型管控模式；

③ 发展阶段越不成熟，越倾向于采用操作型管控模式。

反之则更适合采用财务型管控模式。战略型管控模式居二者之中。可参照图示进行取舍。

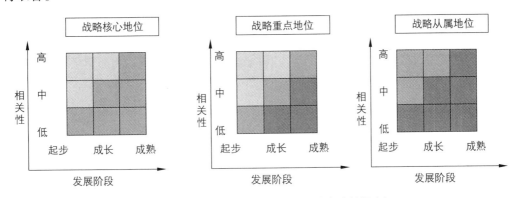

图 3-5　管控模式的确定（来源：仁达方略数据库）

（2）战略的决定作用。管控模式是实现集团战略目标的重要措施。集团总体战略不同，会要求采用不同的管控模式。管控体系的建立是以完成集团特定的战略目标为目的的，它是为实现集团的业务战略目标服务的。所以，集团公司管控体系建立的基准是集团的业务战略。要实现集团公司的有效管控，首先要做的就是把本集团的业务发展战略理清楚，给整个集团一个发展的方向和目标，让所有员工都知道路向何处走，劲往何处使，否则，集团公司的管控体系就失去了确立的依据，盲目建立起来的管控体系往往是无效的。

集团战略确定了整个集团往哪里走。管控所针对的是以下方面的问题：总部缺乏控制力，集团缺乏协同性，多元化无法管控，异地扩张无法管控，集团无法形成可复制的管控模式，对子公司无法形成一套有效的管控体系等。集团管控使得集团战略的执行由集团层面战略总体调度，使各个子公司战略之间发生"化学反应"，从而完成集团战略，追求总体效益最大化。

集团战略的实施需要集团在不同阶段有不同的能力和资源，一个集团在不同的阶段要把不同的子公司连接在一起，让它们能够为了同一个目标去奋斗，母公司就需要在不同时期开发不同的能力和资源，母公司的功能也要与时俱进。

要讨论母子公司管控模式与集团战略的关系，首先要界定集团战略的含义。与单体公司的战略不同，多元化公司的战略追求集团整体目标的实现，分、子公司通常被作为实现集团战略的经营单位。母子公司管控模式的选择由集团的战略决定。在母子管控体系中，总部通过对分、子公司分层级，分条线的管理和控制机制来促进集团战略的实现。集团战略不同，就会产生相应的治理结构、组织结构、总部及分、子公司的角色定位和职权划分、业绩管理系统、财务和人力资源管理系统，这些都是母子公司管控要解决的问题，因此选择不同的管控模式其实就是选择了不同的战略执行系统。

前面我们提到了战略划分的多种角度和方法，例如迈克尔·波特在《竞争战略》一书中将企业战略划分为成本领先战略、差异化战略和专一化战略。迈尔斯和斯诺将企业战略划分为防御者战略、分析者战略和探索者战略等。但是在本章中，我们要采用一种新的战略划分形式，即 Wrigley 与 Rumelt 的划分方法。他们将公司层面的战略分为单一业务型、主导业务型、相关多元化和非相关多元化。不难发现，每种战略对应的管控模式应当是：

单一业务型战略，对应操作型管控模式。

主导业务型战略，对应战略型管控模式。

相关多元化战略，对应战略型管控模式。

非相关多元化战略，对应财务型管控模式。

二、与管控模式相匹配的组织结构设计

1. 常见的组织结构类型

组织结构千差万别，归结起来，最主要的类型主要有以下几种：

（1）直线型组织结构。直线型组织结构是最早使用、也是最为简单的一种组织结构类型，也称为单线型组织结构。顾名思义，直线型组织结构就是指在这种组织结构中职权从组织上层流向组织的基层。它是一种集权式的组织机构，要求决策层有强有力的直接指挥能力。如图3-6所示。

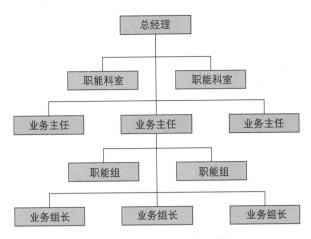

图 3-6　直线型组织结构示意图

直线型组织结构的特点是：每个主管人员对其直接下属有直接职权；主管人员在其管辖的范围内，有绝对的职权或完全的职权；每个人只能向一位直接上级报告。

这种类型的组织结构一般只适用于那些没有必要按职能实行专业化管理的小型组织或应用于现场作业管理。

直线型组织结构具有的优点包括：

① 管理权力高度集中，便于最高领导层对整个企业实施严格的控制。

② 由于按职能划分部门，职责容易明确规定。

③ 部门联系长期不变，使整个组织系统有较高的稳定性。

④ 有利于管理人员重视并熟练掌握本职工作的技能，强化专业管理，提高工作效率。

其缺点如下：

① 企业高层领导的工作负担十分繁重，在经营品种较多时容易顾此失彼。

② 高度的专业化分工使各职能部门眼界狭窄，横向协调比较困难。

③ 妨碍部门间的信息沟通，不能对外部环境变化及时反应，适应性较差。

④ 不利于培养素质全面的、能够经营整个企业的管理人才。

（2）职能制组织结构。简称 U 型结构（unity form），又称直线—职能制结构。它起源于 20 世纪初法约尔在一家法国煤矿担任总经理时所建立的组织结构形式，故又称"法约尔模型"。图 3-7 所示为职能制组织结构示意图。

职能制结构的特点在于：组织的第二级机构按不同职能实行专业分工，如销售、研发、财务、人力资源、生产等。该种组织结构实行的是直线——参谋制，即整个管理系统划分为两大类机构和人员：一类是直线管理人员，对其下属直接发号施令；另一类是参谋人员，其职责是为同级直线管理人员提供职能支持，起到一种业务上的指导、

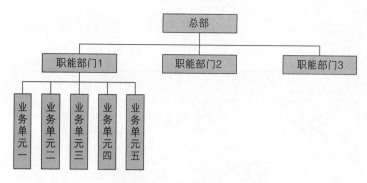

图 3-7　职能型组织结构示意图

服务作用。同时，企业管理权力高度集中，各二级单位只是职能部门，不具独立法人资格，没有独立的对外经营权，整个企业统负盈亏，二级单位只是成本中心，公司总部才是利润中心和投资中心。

职能制的优点主要体现在以下几点：

① 按职能划分部门，其职责容易明确规定。

② 每一个管理人员都固定地归属于一个职能机构，有利于整个组织系统的长期稳定。

③ 部门实行专业分工，有利于提高工作效率，强化专业管理。

④ 管理权力高度集中，便于高层管理者对整个组织的有效控制。

职能制的缺点主要有以下几点：

① 横向协调差。高度的分工使得各职能部门各司其职，往往片面强调本部门工作的重要性，因此容易产生本位主义、分散主义，造成各部门之间的摩擦和组织内耗。

② 企业领导负担重。由于组织高度集权，各部门之间的横向沟通协调只有通过企业高层领导才能解决，因此企业领导工作负担就比较重，难免顾此失彼。

③ 各部门专业分工，不利于培养素质全面、能够经营整个企业的管理人才。

（3）事业部制组织结构。事业部制是在大型企业中，实行分权式的多分支单位（multidivisional structure）的组织结构形式，简称 M 型结构，即在总经理的领导下，按地区、市场或商品设立事业部，各事业部有相对独立的责任和权利。企业战略方针的确定和重大决策集中在总经理层，事业部在总经理的领导下，依据企业的战略方针和决策实行分权化的独立经营。各事业部作为利润中心，实行独立的财务核算，总部一般按事业部的盈利多少决定对事业部的奖惩。但事业部的独立性是相对的，不是独立的法人，只是总部的一个分支机构。它的利润是依赖于公司总部的政策计算的，在人事政策、形象设计、价格管理和投资决策方面一般没有大的自主权。事业部内部通常又是一个 U 型结构。事业部制组织结构如图 3-8 所示。

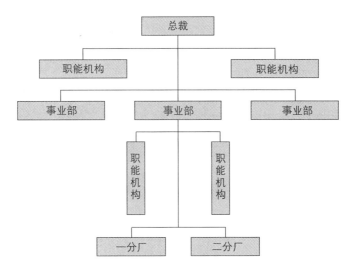

图 3-8 事业部制组织结构示意图

事业部制组织结构一般按照产品和地区两种根据来设置事业部，因此分为产品/服务型组织结构和地区组织结构两种类型。顾名思义，前者即按照产品或者服务来设置事业部，这类事业部制组织结构的优点是有利于产品线内的集中发展；缺点是产品线之间协调难度较大。而后者即按照地区来设置事业部，其优点是便于回应本地区客户的要求，便于协调本地区不同部门之间的工作，缺点则是容易产生地区本位主义。

总的来说，事业部制的优点主要在于：

① 各事业部都有自己的经营范围，在此范围内拥有较大的经营自主权，而且对本业务较熟悉，可以根据实际发生的情况迅速做出反应。

② 有利于高层领导摆脱日常管理事务，更加关注于公司整体发展战略。

③ 事业部总经理负责领导一个自成系统、独立经营的准企业，有利于培养全面发展的企业高级管理人才，为公司总部储备后备人才。

④ 按产品划分事业部，便于组织专业化生产，形成规模经济，有利于节约经营和生产成本。

事业部制的缺点在于：

① 各个事业部都需要设置一套齐备的职能机构，因而用人数较多，费用较高，往往造成机构重复设置的情况。

② 各事业部自主经营、独立核算，考虑问题往往从本部门角度出发，忽视整个企业的利益。

（4）子公司制组织结构。子公司组织结构是一种较事业部制组织结构更为彻底的分权形式。子公司与事业部不同，在法律上是具有法人地位的企业，母公司和子公司之间严格说来不是行政上的隶属关系，而是资产上的联结关系。子公司组织结构简称H 型结构（holding company form），如图 3-9 所示。

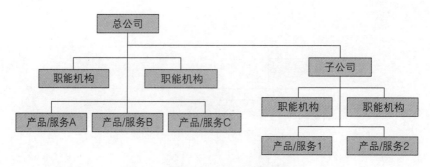

图 3-9　子公司制组织结构示意图

子公司制组织结构的特点在于母公司和子公司之间不是行政上的隶属关系，而是资产上的联结关系。当子公司的股权全部归一家公司所有时，称为"独资子公司"或"全资子公司"；如子公司归两家以上公司所有时称为"联合子公司"。母公司对子公司的控制，主要是凭借股权，在股东会和董事会的决策中发挥作用，并通过任免董事长和总经理贯彻母公司的战略意图。

子公司与事业部不同，在法律上具有独立的法人资格，它与母公司各有自己的公司名称、章程，财产彼此独立注册，各有自己的资产负债表。子公司自主经营，自负盈亏，是一个投资中心。

子公司制的优点在于：母公司与子公司在法律上各为独立法人，相对降低了经营风险，子公司有较强的责任感和经营积极性。缺点在于，母公司对子公司不能直接行使行政指挥权力，只能通过股东会和董事会的决策来发挥其影响作用，因此影响较间接、缓慢。另外，母子公司各为独立纳税单位，双方之间的经营往来及盈利所得需双重纳税。

2. 结构跟随战略

生产力水平决定了企业组织结构模式的发展趋势，在一定生产力水平制约下，企业采用什么组织结构，是与它采取什么样的企业行为密切相关的。而决定企业行为的正是企业所制定的战略。企业组织结构的调整，并不是为调整而调整，而是要寻找、选择与经营战略相匹配的组织结构，切不可生搬硬套。企业是按产品设置组织结构还是按职能设置组织结构，是按地理区域设置分公司还是按用户设置分部，是建立战略事业部结构还是采用更为复杂的矩阵结构，一切必须以与战略相匹配为原则，以提高企业沟通效率、激励员工参与为目标。埃德森·斯潘赛说："在理想的企业结构中，思想既自上而下流动，又自下而上流动，思想在流动中变得更有价值，参与和对目标分担比经理的命令更为重要。"对特定战略或特定类型的企业来说，都应该有一种相对理想的组织结构。

企业总是处在一个复杂多变的生态环境中。所谓企业生态环境指企业生存与发展所处的自然与社会环境，它包括：市场环境、政策环境、科技环境、地域环境、地缘政治环境等等。因为企业本身是一个开放的系统，它不断的与其生态环境发生物质、能量、信息的交换，企业生态环境的复杂性使得企业与其环境的相互作用异常的复杂。企业对周围环境的反应速度和企业本身组织结构的弹性，成为企业能否持续生存和发展的关键所在。企业面临的生态环境随时都发生着变化。当环境变化只是细微的，不影响全局的时候，企业可以通过对战略行为的微调，使企业在运行中达到平衡；一旦这种变化是对企业有重大影响的，那么制定新战略在所难免，此时创建与新战略相匹配的组织结构是战略顺利实施的重要保障。战略对组织设计的要求一般包括组织设置、运作模式、管理手段和控制手段四个方面，如图 3-10 所示。

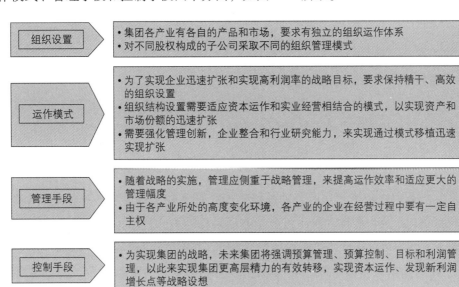

图 3-10 战略对组织设计的要求

战略决定企业的组织结构，反过来，组织结构对企业战略的顺利实施也有着重大影响。由于技术和竞争行为的变化，通常认为，对企业战略的威胁往往存在于外部。肯定外部的变化的作用是毫无疑问的，但是，对战略的更大威胁往往来自于企业内部。一个可靠的战略也会因为竞争观念的误导或组织的重大失误而大失其效。企业的组织结构不仅在很大程度上决定了目标和政策是如何建立的，而且还决定了企业的资源配置。战略指导下的企业行为演变的同时，其组织结构也应相应地发生变化，以新的组织结构实施新的战略，使企业行为达到目标最大化。

没有哪种组织结构（简单结构、职能结构和多部门结构）先天优于其他结构。用彼得·德鲁克的话说就是"不存在正确的组织……宁愿说……为手头特定的任务和使命选择组织结构"，即由于不存在一个在任何情况下都是最优的组织结构，经理们必须专心于逐渐形成战略和组织结构之间的适当匹配，而不是寻找一个最优的结构。

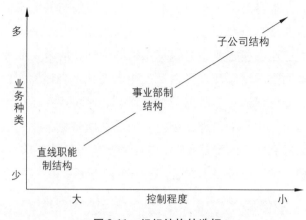

图3-11 组织结构的选择

3. 与管控模式相匹配的组织结构设计

前面已经提到，主要的组织管控模式包括财务型、战略型和操作型。组织的战略决定了组织采用何种管控模式，结构应当跟随战略，因此组织结构也应当与组织的战略相一致，与组织所采用的管控模式相匹配。其核心点应当集中于组织管控模式的集分权程度。

（1）与财务型管控模式相匹配的组织结构。财务管理型主要针对投资的科学性、风险性和投资回报进行管理，对所投资企业的具体业务一般不进行直接管理，属于分权型安排。在这种管控模式下，企业的组织结构一般具有以下特征：

① 公司总部主要起到投资决策、战略指导和目标管理的作用。

② 财务部则通过财务目标体系和财务报告体系对下属子公司进行财务监控。

③ 下属公司作为独立的业务单元和利润中心对其经营活动享有较高的权力。

因此，子公司制组织结构是与财务型管控模式相匹配的组织结构。图3-12是一个可行的例子。

（2）与战略型管控模式相匹配的组织结构。战略管理模式并不要求总部设立具体的业务管理部门，其考核与管理重点一般也集中于下属公司的董事会或总经理。在这种管控模式下，集团的组织结构一般具备以下特征：

① 公司总部主要起到战略规划、监控与服务职能。

② 战略控制部主要通过战略规划与业务计划体系对下属公司进行战略引导。

③ 财务部则通过预算体系和财务报告体系对下属分公司进行财务监控。

④ 此外，人力资源、法律、税收等部门则主要为各分公司提供带有规模效应的专业化服务。

⑤ 公司将通过战略指标体系对分公司总经理进行考核，但考核一般不涉及下属公司的职能部门。

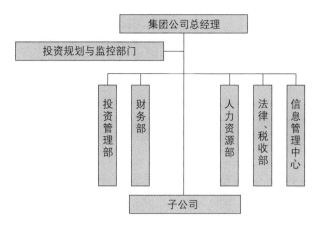

图 3-12　与财务型管控模式相匹配的组织结构（举例）

⑥ 下属公司作为独立的业务单元和利润中心将对其经营活动享有高度的自主权。

由此可见，事业部制是与战略型管控模式相匹配的组织结构。图 3-13 所示的是一个可行的例子。

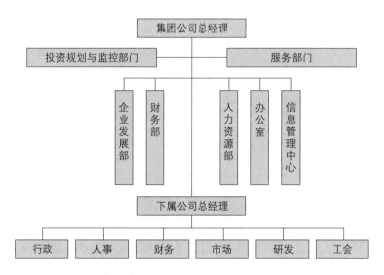

图 3-13　与战略型管控模式相匹配的组织结构（举例）

（3）与操作型管控模式向匹配的组织结构。操作管理模式要求总部设立具体的业务管理部门来对下属公司的相关业务进行对口管理，其考核重心将下延至下属公司的职能部室。这种管控模式下的组织结构一般具备以下特征：

① 公司总部主要起到业务管理、控制与服务职能。

② 总部的网络，市场等业务部门将对下属分公司的对口部门进行业务管理，并通过对其进行业务考核的方式来强化管理。

③ 下属公司可以作为利润中心进行考核，但其关键经营活动将受到总部集中控制

和统一规划。

因此，像直线型、职能型这类较为简单的组织结构，更适合操作型管控模式下较为集权的管理。下图 3-14 所示的是一个范例。

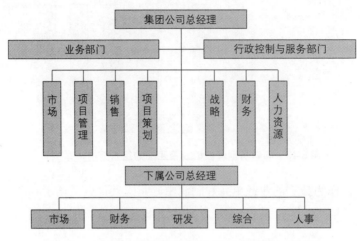

图 3-14　与操作型管控模式相匹配的组织结构（举例）

总的来说，我们可将本章内容总结为表 3-5 所示的内容。

表 3-5　战略、管控模式及组织结构之间的匹配

公 司 战 略	相应的管控模式	匹配的组织结构
单一业务型	操作型	简单结构
主导业务型	战略型	职能制结构
相关多元化	战略型	多分部结构
非相关多元化	财务型	多分部结构

第三节　实现人与组织的匹配——组织与人力资源管理系统平台建设

一、建立战略性人力资源管理

1. 基于未来的人力资源管理

在新经济条件下，人力资源管理与组织战略实现之间的关系日渐密切。快速变化的竞争环境，使得企业人力资源经理人必须正视人力资源管理领域的变革，积极进行职能转变与角色定位。已经有越来越多的企业认识到建立自身的竞争优势关键是如何建立并运行有效的人力资源管理。《今日美国》和德勤会计师事务所在 2010 年的调查中表明，将近80%的公司总裁认为，人力资源管理在他们的公司里其重要性比过去 10

年有了大幅增长；2/3 的人认为，人力资源在当今世界被看成是一种成本最有限的战略投资。因为员工的技巧、知识和能力是一种最特殊的可再生资源，因此，对于这种资源的管理就更为重要。就像 IBM 创始人托马斯·J. 沃森（Thomas·J. Watson）所说："你可以拿走资本和厂房，但只要拥有员工就可以建立经营业务"，所以"通过人的竞争"成为人力资源管理的主旋律。这种主旋律现在更被发扬光大，和战略紧密相连，以至于管理者们要用"战略性人力资源管理（strategic human resource management）"来强调人力资源管理在当今企业和竞争中的重要性地位与关键性作用。

　　所谓战略性人力资源管理，就是系统地把企业人力资源管理同企业战略目标联系起来，其核心在于通过有计划的人力资源开发与管理活动，增强企业战略目标的实现。这意味着战略性人力资源管理必然涉及人力资源管理系统中的方方面面，从工作分析到招聘甄选，从薪酬福利到绩效考评，每一个环节都要体现与企业战略目标的联系，都要支持战略目标的实现。传统意义上的人力资源管理与战略性人力资源管理的主要变化内容可以在表 3-6 中反映出来。

表 3-6　传统人力资源管理活动和战略性人力资源管理活动对比

传统人力资源管理活动	战略性人力资源管理活动
政策的产生与形成：服从于高层管理人员的一致意见	参与组织战略发展决策，并提供有效的人力资源管理政策和策略（计划）的支持
咨询：对直线管理人员就人力资源管理领域进行咨询和提供忠告	为直线管理人员提供人力资源管理技术方面的支持
服务：从事如招聘、考核、培训等方面的工作	监督、控制、反馈和调整组织的人力资源管理活动，整合组织的管理功能
控制：监督所有部门，以保证执行规定的人力资源政策	

　　一个运营有效的战略性人力资源管理流程如果完成了以下三个方面的任务，就会产生显著效果：

　　（1）对个人进行深入而准确的评估；

　　（2）为培养新的领导层——其目的是为了在整个组织范围内更好地实施战略——提供指导性框架；

　　（3）填充领导输送管道。

2. 战略性人力资源管理与组织绩效

　　所谓战略性人力资源管理体系是指在企业总体战略框架下对人力资源进行使用、管理、控制、监测、维护和开发，藉以创造协同价值，达成企业战略目标的方法体系。因此，战略性人力资源管理实际上就是战略在人力资源管理各个方面的映射。

　　美国管理学者高登·葛瑞德利认为：战略管理考虑到机会的鉴定，提供了一个管理问题的目标观点，并构筑一个框架，改善活动的协调和控制。战略管理使相反的条件和变化产生的影响达到最小，并创造一个人际之间协调交流的框架，肯定每个人进入整体的努力，提供一个明确雇员责任的基础，同时鼓励管理决策人员超前思考。战略管理以积极态度对待难题和机会，鼓励人们面对变化采取进取行动并有序地管理业务。

另一方面，一个企业若想获得相对其竞争对手的优势，就必须要提供高区分度、低成本的产品或服务。在企业中，竞争优势的形成同样是多因素合力作用的影响，其中最重要、而且越来越重要的一个因素就是人力资源。愈来愈多的研究表明，人力资源管理的水平对竞争优势的产生有强烈的影响。企业的人力资源管理与企业生产力以及其竞争优势形势的关系，如图 3-15 所示。

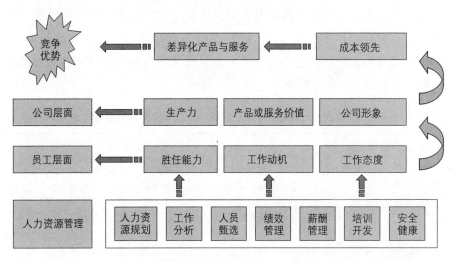

图 3-15　企业的人力资源管理与企业生产力以及其竞争优势形势的关系

从上图可以清晰地看出，人力资源管理的各个职能直接对员工的工作态度、知识技能等方面产生影响，管理水平高，可能就容易做出正确的招聘决策，员工的工作态度就端正，情绪就高昂，这些直接导致企业核心竞争产品或服务的形成，最终形成企业竞争优势，达成企业战略目标；而如果管理水平低，这种低水平的管理结果就通过员工层面、公司层面一直传递到战略层面，导致目标的流产。我们说人力资源管理能够提升企业价值，是因为人力资源本身已经成为以企业战略为基础的管理活动。

二、战略性人力资源管理的构建

战略性人力资源管理是要让日常的人力资源管理活动中渗透企业高层决策的影子。如何将战略和具体的人力资源管理活动相结合，有以下几个步骤：

（1）预测商业趋势：战略的制定必然是以一定的商业预测为前提。没有任何一家企业会无视外部经济、政治及社会文化多方面因素的影响而闭门造就一个企业战略。

相对于计划来讲，战略关注的东西可能更长远一些，所以可能在近期难以获利，但对于企业的长远发展意义重大。

（2）决定战略方向：战略方向是在预测的前提下制定的，因此不可避免的带有一定的风险性。因此，战略一旦制定并非不可修改，战略不是命令，而是一种责任和承诺。战略并不决定未来，只是一种调动企业资源和能量以创造未来的手段。无论是否发生了问题，都要不断地改进它，使它变得更好。对产品是这样，对战略也是如此。

（3）人力资源工具和战略行动相结合：将战略落实到人力资源管理中时，就是要让人力资源管理的各个活动体现企业的战略。在工作分析中要反映出某工作岗位未来发展所必需的一些技能与知识，即使暂时并非急需；招聘甄选的过程所设立的选择标准也要力求着眼于未来，发现面试者的潜力大小，而非目前掌握的技能；在绩效考评和薪资制定中也要与有助于战略实现的考核标准挂钩，使员工从现实利益中体会到自身利益与企业战略的密切联系。

三、组织中人力资源管理的系统平台建设

组织管理的核心就是人力资源管理体系建设。我们将人力资源管理的各个功能分类，发现有两个大的系统在支撑着组织战略的实现。一个是组织与工作管理系统，另一个是支持企业文化实施的相关的人力资源管理活动。组织与工作管理系统这一部分内容更加明显的体现出企业人力资源管理系统中组织与工作管理的特征，是组织管理的重要组成部分。而支持企业文化实施的人力资源管理活动主体内容包含在人力资源管理具体实施的技术与方法上，如图3-16所示。

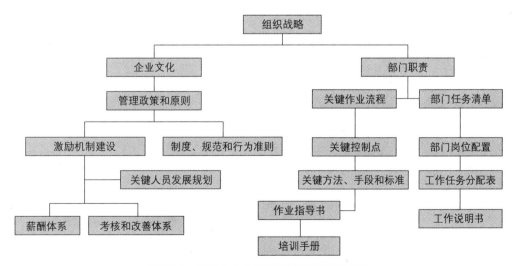

图3-16　组织中人力资源管理系统平台建设

（一）企业文化和政策系统

1. 激励机制建设

（1）关键人员职业发展规划。发展空间是一部"金色阶梯"。它是应聘者选择企业的重要指标，也是企业留住人才的重要手段，因此，企业越来越重视员工的职业生涯规划，尤其是关键人员职业发展规划。狭义的员工职业生涯是指一个人一生的工作经历，特别是职业、职位的变动及工作理想实现的整个过程。广义的员工职业生涯则包括从职业能力的获得、职业兴趣的培养、选择职业、就业，直至最后完全退出职业劳动的完整的职业发展过程。

归根结底企业核心竞争力还是由企业所拥有的优质人力资源决定，而在企业的人力资源当中，20%的关键岗位上的员工创造了企业80%的效益。因此，能够为企业创造80%业绩的关键岗位员工是企业的关键员工，他们的去留对企业的生存发展将产生重大影响，高科技企业或竞争激烈的新兴行业更是如此。所以，企业要顺利实现经营战略目标，就需要锁定这部分关键员工，并针对他们建立个性化的管理机制，充分发挥好他们对企业发展所产生的关键作用。

具体来说，企业应该为关键员工职业生涯规划指明方向，并进一步指导员工能力提升，及制定关键岗位员工的接替计划，把关键员工留住并使用好，把其放到合适的事业平台，让他们充分发挥个人的才能，形成企业的核心竞争力，这样才能实现人才推动企业发展的目的。企业发展了又反过来为他们提供更广阔的事业发展平台，形成良性的循环发展。企业可以通过提炼经营理念，设定远景目标、使命和核心价值观来引导和凝聚关键员工，最大程度地调动他们的积极性和创造性。或给他们提供机会参与管理决策，培养他们的认同和归属感，化企业远景为个人愿景，激发关键员工发自内心的持久的敬业精神，将他们的事业目标与企业的战略目标紧紧地捆绑在一起，实现企业与员工个人"两位一体"的用人目标。

（2）绩效管理体系。无论企业处于何种发展阶段，绩效管理对于提升企业的竞争力都具有巨大的推动作用，进行绩效管理都是非常必要的。绩效管理对于处于成熟期企业而言尤其重要，没有有效的绩效管理，组织和个人的绩效得不到持续提升，组织和个人就不能适应残酷的市场竞争的需要，最终将被市场淘汰。

绩效管理发挥激励效用的机制是，对组织或个人设定合理目标，建立有效的激励约束机制，使员工向着组织期望的方向努力从而提高个人和组织绩效；通过定期有效的绩效评估，肯定成绩，指出不足，对组织目标达成有贡献的行为和结果进行奖励，对不符合组织发展目标的行为和结果进行一定的约束；通过这样的激励机制促使员工自我开发提高能力素质，改进工作方法从而达到更高的个人和组织绩效水平。因此，企业在设计绩效管理体系时应充分认识到：成功的绩效考核必须建立在对公司战略和目标的充分共识基础上，必须依靠公司各级管理者的共同理解和支持；绩效管理必须结合员工的职业发展，体现和引导大多数员工的共同利益；同时必须注重过程中的实时控制和跟踪以及信息的沟通与传递。

（3）薪酬体系。作为人力资源管理体系的重要组成部分，薪酬管理是企业高层管理者以及所有员工最为关注的内容，它直接关系到企业人力资源管理的成效，对企业的整体绩效产生影响。灵活有效的薪酬制度对激励员工和保持员工的稳定性具有重要作用。薪酬对员工而言是极为重要的，它不仅是员工的一种谋生手段，从根本上满足他们的物质需要，而且还能满足他们的自身价值感，这在很大程度上影响着每一个人的情绪、积极性和能力的发挥。因而，薪酬对激励员工，提高企业的竞争力，有着不可低估的作用。

薪酬体系作为分配价值形式之一，设计时应当遵循按劳分配、效率优先、兼顾公平及可持续发展的原则，才能进一步发挥薪酬的激励作用。在知识经济时代，薪酬虽不是唯一激励员工的手段，却是很重要的激励员工的动力源泉，管理者如果能够灵活把握和用好薪酬这根激励指挥棒，就可以极大地调动员工的工作激情和高昂士气。

行为准则和制度规范的相关内容详见下节。

（二）组织与工作管理系统

组织与工作管理系统是以部门职责为主线，围绕它，我们要进行关键作业流程和关键控制点的设计，我们要清楚地出具部门任务清单、工作说明书和作业指导书等一系列文本，最终这些都要汇聚在一起，形成一个完整的、有指导意义的员工手册，它既是入职者的工作指南，也是以后进行绩效考核的依据，因此有着重要的基础性作用。

组织与工作管理系统的目的在于如何建立一个有效的分工协作体系，以体现生产力的最高水平。就像本书前面所提到的，组织结构或工作设计本身如果不合理的话，其他措施再有力，也不能实现高的效率和生产率。因此，组织和工作管理系统之所以能构成人力资源管理的平台，其意义就在于此。从宏观上讲，保证此系统有效，就是要让企业的人力资源数量与质量与企业的物质技术基础相适应；从微观上讲，就是要让每个员工从事的工作与其工作对人的要求相适应。如何保证这些目标实现？一般来说，需要进行以下几个方面的工作：

1. 组织设计和部门职责的设计

我们通常所指的组织，当它从一建立起，客观上就已经存在了一个组织结构和相应的工作内容，即使这两部分都没有被严格定义过或刻意设计过，不管它们是不是科学合理，总之，它已经被建立并付诸于实践了。组织建立后所有的人力资源管理活动都是在这个组织结构的框架中进行，目的是将所有设计好的工作内容合理高效的完成。组织结构设计和部门职责设计为人力资源管理的各种活动提供了最基础的依据和框架。

组织存在必然有其存在的理由，也就是要实现一定的目的。确定了目的之后，要完成哪些任务、做哪些工作就可以确定下来了。接下来的工作就是设立部门来分别完成这些工作任务。通常同类的工作应该归属于同一个部门。如大型银行企业，其基本工作包括审计、企业研究、法律、营业、总务、人力资源、公共关系等方面，这些方面确定了，就设立与其对应的部门；而百货公司的基本工作则大致包括会计、商品销售、人力资源、推销、总务、运输、送货等，这时就要相应的调整其部门的构成了。有时为了实现企业目标，企业还会确定一些专门的、企业认为有价值的工作任务，并设立相应的部门，如一个大型的制造性企业在某一地区专门设立了一个负责企业成长的职位，后来还成立了一个成长部。可见，部门并不是固定下来的，而是根据工作内容、行业特征、环境情况等因素综合考虑后设立的，其最终目的还是为了有效地协调好工作的开展。

2. 工作的责任与权限设计

理清了部门职责之后，就必须从关注部门转为关注具体的工作了。在每一个部门里都有一系列的工作，我们要对这些工作的职责做一个系统的分析，这就需要我们全面收集某一工作的有关信息，对该工作的目的、内容、承担责任、工作环境和条件等方面进行系统分析和研究。

人力资源管理的任务就是要让合适的人在合适的时间、合适的地点做合适的事情，而要使人员和工作匹配、要使该工作真正为企业实现增值做贡献，前提条件是要研究清楚该工作是做什么的（what）、为什么要设立该工作（why）、工作的时间要求（when）、工作的地点环境（where）、什么样的人才能做好这份工作（who）、这份工作服务的对象是谁（whom）、工作的程序规范如何（how），以及为此项工作支付的费用（how much）等。同时，还有很重要的一点是：这项工作的权限如何，也就是说它和其他工作岗位之间的权力分配结构。

比如说对于一项任务来说，会计的权限可能是承办，而财务部经理的权限可能是审核，而公司副总的权限可能是复核和审批等。同一项任务可能需要很多人参与其中，但他们的权限大小必定有大有小，各有侧重，权限设计就是用来解决这样一个问题。

3. 部门的工作任务清单

将部门里每个工作岗位上的员工职责都理清楚之后，汇总起来就可以形成初步的部门工作任务清单。如果其中有重复的细目，就可以对其进行归并和总结。我们要得到一份工作任务清单，可以通过让部门里所有员工连续几个工作日填写每天的工作内容，然后将其汇总，这样的方法比较方便和快捷。

4. 部门的工作和岗位设计

工作和岗位设计是为了达到组织目标而采取与满足工作者个人需要有关的工作内容、工作职能和工作关系的设计。这一设计的好坏将直接影响到组织内每个员工的工作绩效，从而影响到整个组织的绩效。现代企业为了适应知识型员工的出现，进行了一系列工作设计上的发展和创新，在保留传统工作设计方法，如工作专业化、工作轮换以及工作扩大的基础上，又实施了工作丰富化、工作团队等方法。尤其是工作团队方式的采用，很好地适应了大多数企业的需要，既充分利用了企业内的资源，又给员工的学习和成长提供了平台。

5. 部门的工作任务分配

部门的工作内容和责任要分配到各个具体的工作岗位上去，部门的最终目标和职能才会实现。如果要分配得当，其实也不是件容易的事。在很多企业中都存在岗位责任大小和工作内容多少不平衡的现象。有的岗位需要天天加班否则休想完成任务，有的岗位又一天到晚悠闲自在，而且工资也不少拿，这就是岗位的工作任务分配不均。这种现象一旦发生，就很容易造成内部不公平，导致组织士气下降。

6. 岗位任职资格的确认和工作说明书

要做到人员与岗位匹配，除了清楚工作岗位的内容和权限等因素外，还要清楚岗位对任职者在学历、特定知识、特定经验以及特定能力方面的要求。这是招聘员工时对应聘者"硬件"方面的规定，如果达不到，就很可能无法有效地完成工作；对于现有员工，如果没能完全满足任职资格要求，就必须由企业提供相应的培训，或者员工自己朝着目标要求努力；而在企业对员工进行绩效考核时，任职资格要求又为评估标准提供了模板，成为衡量员工是否合格的一个基本要求。

确认了任职资格要求，再加上前面已经进行的工作职责和岗位工作任务分配，我们就可以得到一份工作说明书了，它详细地告诉任职者关于工作的信息和规定以及关于工作对他们的要求，让员工能有一个清晰明白的了解和认识。

7. 关键业务流程

前面所讲的都是针对每个点上的工作而展开的，当把所有岗位职责理清楚后，就有必要将同一个流程上的点连起来，形成企业的业务流程。而对于那些直接影响到企业组织绩效的关键业务流程，我们就必须格外关注，一个环节出了问题，员工没有完成自己的职责的话，就可能导致整个流程受阻或瘫痪。

8. 流程的关键控制和作业指导书

对于整个流程的操作规则及每个岗位的职责权力，我们可以将其按流程的进展顺序排列在一起，形成一份作业指导书，用来对任职者进行操作上的指导和尽职上的提醒。

9. 关键业务的培训手册

对于很多非常重要的工作岗位，可能任职者并不完全具备相应的技能或知识，或者这个岗位上要求的技能或知识的更新程度很快，这时就有必要给员工提供一份关键业务培训手册，让他们了解企业和工作对他们的希望与要求，以便他们能更好的了解工作内容，对自己的现状与希望的状态做比较，激发他们参与培训、提高自己的动力。

对以上九个方面进行系统整理后，我们就能够得到一本全面而关键的员工手册。

这本手册介绍了从部门到岗位的各个重要环节，不仅可以为新进员工提供充分的指导，也能够为已经在岗的员工解决疑难和困惑。因此，我们说这本手册中关于组织与工作的系统介绍，为企业的人力资源管理搭建了一个基础性的平台，为企业今后的各项人力资源管理工作的顺利开展奠定了基础。

第四节 人力资源管理的载体——制度管理

制度作为提升组织管理水平的关键性管理要素，也是整合企业战略、组织和人力资源的纽带。制度的设计，设定相应的层级机构为战略的实现服务，可以说组织是实施战略的载体，组织制度设计的好坏直接影响到战略的实施。制度整合了战略、组织和人力资源等要素，随着战略的调整，调整组织、调整人力资源，促进企业发展。

一、思想先行——建立制度管理的意识

企业战略是组织形成与发展的指引和方向。在战略这个大方向确定后，企业要通过组织制度的设计设定相应的层级机构为战略的实现服务，可以说组织是实施战略的载体，组织制度设计的好坏直接影响到战略的实施。在组织确定后，需要"人"切实地将组织的目标变为现实，可以说人力资源是支持组织达成战略目标的条件和资源保障，人与人的合作产生了团队工作，在团队工作中，各人之间的想法（动机）、行为都不同，因此需要一系列的管理制度加以规范，使所有团队成员朝着一个战略目标前进。因此，制度整合了战略、组织和人力资源等要素，随着战略的调整，调整组织、调整人力资源，促进企业发展。

制度在有效整合各种要素的基础上，使得生产要素的所有者有可能组成一个经济组织，通过相互合作产生出大于单独产出之和的成果。同时，合理的制度能大大降低组织费用，节约组织成本，从而促进组织的发展。

（一）制度管理的性质

1. 权威性

制度一经形成，确定下来，所有成员都必须执行，违反规定要受到必要的惩罚。制度是企业当中的"法"。

2. 系统性

企业组织中各方面、各层次均有完整配套、具体严密的制度。它们相互具有内在一致性，互相衔接和补充，形成一套严密完整的制度体系。

3. 科学性

制度建立在科学合理的基础上。有的直接是技术规律要求；有的充分体现事物客观规律；有的合情合理。它反映了企业经营管理中科学、成熟、合理的一面。

4. 无差别性

制度作为一种带有法规性质的管理手段，具有无差别性特点。它不对具体情况和具体人分别对待，在规范约束范围内一律平等对待，没有变通的余地。它是一套理性的、非人格化的体系，是一系列抽象的、封闭的准则，往往以成文的形式确定下来，具有明确的、是非分明的特征。

5. 借助强制力

制度作为现实的约束和规定组织中活动和行为的管理手段，需要借助强制力。强制力是制度发挥作用的力量，没有强制力的制度，只是一纸空文。在企业组织中，强制力主要表现在行政处分、降职降薪、开除等惩罚措施上。

6. 稳定性

管理制度往往都是在长期管理实践基础上，经过分析研究，总结经验，提炼上升形成的理性准则。它在相当程度上反映了企业组织活动和管理过程的内在要求，具有较强的稳定性。在条件未发生较大变化的前提下，一般不作改动。只有在条件发生较大变化的情况下，才作相应调整。稳定性也是维持权威性的手段之一。更重要的是，唯其稳定，才能现实地发挥制约作用。频繁变动的制度不易贯彻执行，更难巩固。

（二）制度管理的主要特征

从制度的内容和制度管理的实质来看，制度管理的主要特征有：

（1）在劳动分工的基础上，明确规定每个生产要素提供者的权力和责任，并且把这些权力和责任作为明确规范而制度化。

（2）按照各机构、各层次不同职位权力的大小，确定其在企业中的地位，从而形成一个有序的指挥链或等级系统，并以制度形式巩固下来。

（3）以文字形式规定职位特性以及该职位对人应有素质、能力等要求。根据通过正式考试或者训练和教育而获得的技术资格来挑选组织中所有的成员。

（4）在实行制度管理的企业中，所有权与管理权相分离。管理人员不是所管理企业的所有者。管理人员只是根据法律制度赋予的权力暂时处于拥有权力的地位，原则上企业中所有人都服从制度的规定，而不是有权的人。

（5）管理人员在实施管理时有三个特点：一是根据因事设人的原则，每个管理人员只负责特定的工作；二是每个管理者均拥有执行自己职能所必要的权力；三是管理人员所拥有的权力要受到严格的限制，要服从有关章程和制度的规定。这些规定不受个人情感的影响，普遍适用于所有情况和所有的人。

（6）管理者的职务是管理者的职业，他有固定的报酬，具有按资历、才干晋升的机会，他应该忠于职守，而不是忠于某个人。

（三）制度管理的基本要求

各项制度的制定和形成，需要满足下述几个基本要求：

1. 从实际出发

制定制度，要从企业组织实际出发。根据本企业业务特点、技术类型、管理协调的需要，充分反映企业组织活动中的规律性，体现企业特点，保证制度具有可行性、实用性，切忌不切合实际。

2. 根据需要制定

制度的制定要从需要出发，不是为制度而制定。需要是制度制定与否的唯一标准，制定不必要的制度，反而会扰乱组织的正常活动。在有些非正式行为规范或习惯能很好发挥作用的前提下，就没有必要制定类似内容的行为规范，以免伤害企业组织成员的自尊心和工作热情。

3. 建立在法律和社会道德规范的基础上

法律和社会一般道德规范是在全社会范围内约束个人和团体行为的基本规范，是企业组织正常生存发展的基本条件和保证。企业制定的各种制度，不能违背法律和一般道德规范的规定，必须保持一定程度的一致性。否则，企业组织整体在环境中的生存发展，对组织内部各方面的约束，都会受到严重影响。

4. 系统和配套

企业制度要全面、系统和配套，基本章程、各种条例、规程、办法要构成一个内在一致、相互配套的体系。同时要保证制度的一贯性。不能前后矛盾、漏洞百出，避免发生相互重复、要求不一的现象，同时要避免疏漏。要形成一个完善、封闭的系统。

5. 合情合理

制度要体现合理化原则。即一方面要讲究科学、理性、规律；另一方面要充分考虑人性的特点，避免不近情理、不合理等情况出现。在制度的制约方面，要充分发挥自我约束、激励机制的作用，避免过分使用强制手段。

6. 先进性

制度的制定要从调查研究入手，总结本企业经验，同时吸收其他先进经验，引进现代管理技术和方法，保证制度的先进性。

二、八条圣经——制度管理的假设前提

1. 圣经一——人性是恶的

从管理的角度来看，人性其实是本恶的。从根本上来说，人都具有劣根性。早在两千多年前，荀子就认为："凡性者，天之就也，不可学，不可事。礼义者，圣人之所生也，人之所学而能，所事面成者也。不可学，不可事而在人者，谓之性；可学而能，可事而成之在人者，谓之伪，是性伪之分也。"荀子认为，由于人性本恶，所以我们应当通过教化，限制恶的趋势，使人性之恶向善转化。

人性的善与恶，本来就有先验层面与经验层面两个层面。制度经济学所设定的人

性本恶是一种先验假定，是一种达到理论的策略。也就是说，这里的恶不是说事实上所有人都是恶，或者说有些人是恶，进而假定所有人都是恶，都有恶的倾向，而是在对人性做最坏的打算。出门要锁门，离开要带好自己的东西，都是对人性恶的假定。这里基于人性是恶的管理假设，并不意味着在管理的过程中把员工都看成是坏人；其目的在于，当假设员工是坏人的时候，在制度设计上保证，如果员工出现问题，组织可以最大限度的保证采取有效的应对和管理措施。

对于人的管理，如亡羊补牢，则为时已晚。

2. 圣经二 ——人是没有自觉性的

从小老师就教导我们要"自觉遵守纪律"。如果人生来就有遵守纪律、遵守约束的自觉性，为什么需要不断地提醒别人注意呢？人生来对纪律约束都有排斥和抵触的情绪，如果不要求早晨八点到校，相信大多数学生都会等完全睡醒了再说。在企业中也是如此。如果没有准点打卡的纪律约束，并且是与个人工资相联系的，可能就不会有那么多员工在严冬里抢在天亮前就起床去挤公交车了。因此，人是没有自觉性的，人必须在制度与纪律的约束下才会规范自己的行为和态度。如果我们把对员工的管理基于他们的自觉性上，组织的效率就难以保障。对人的管理重在制度的保障。制度保障的结果是，无论什么人，做什么工作，工作的结果是一样的。当然，这只是一种最高境界的管理理想，但是，这是组织中对人的管理的无限追求。

我们都知道，应当在管理过程中培养员工的工作主动性和工作自觉性，但是，我们可曾培养出来？如果一个企业效益不好，那么通常说来，其员工的工作也不会很努力，为什么呢？原因很简单，因为企业效益不好，发不起工资，所以员工满意度下降，工作主动性和自觉性降低，工作懈怠。但是，如果企业效益好了，把原来三千的工资涨到八千，我们将会发现，照样有工作不努力的人存在。事实上，任何一位员工的工作状态都不会因为企业给员工涨工资而得到持久的改善，薪酬是不解决激励问题的。过去我们总是把薪酬当做一个激励的手段，其实并非如此。通俗的理解，涨工资就跟抽鸦片一样，会上瘾，涨了一次，员工还会期待第二次、第三次，如果接下来不涨，就会适得其反，非但起不到应有的激励效果，反而会降低员工的满意度，乃至影响绩效。如果薪酬不解决激励问题，那解决什么问题？薪酬首先解决的应当是公平问题。

3. 圣经三 ——人是需要控制的

如果人性是恶的，人性是没有自觉性的，我们该如何管理员工？用一句话来概括就是，人是需要控制的。管理是什么？管理就是控制。对于管理来说，没有形式就没有内容，没有过程就没有结果。形式是为内容而服务的。很多银行在客户办完业务后，会让客户按钮对服务进行评价，在绝大多数情况下，我们都会选择满意。表面上看，这仅仅是一种形式，没有什么实际意义。但事实上，这一形式是有内涵的。奖惩的目的首先是为了惩罚而非奖励，奖励只是一个导向。这个看似无用的形式恰恰能解决惩罚问题，如果业务员对客户态度不好，客户选择按不满意键，惩罚的效果就有了。管理首先是一种威慑力，是一个过程。而通常情况下，我们看到的只是结果。管理所做的就是通过过程来威慑规范员工的行为。但是，在很多情况下，我们只理解了形式而没理解内涵。解决管理问题必须改变思维方式。以某企业为例，其监察和管理部门的员工没有工资，全部靠罚款数量得来。罚款这一制度，看起来与先进和科学无关，管理从来没有先进和落后之分，有效的就是好的管理。请注意，千万不要掉到管理是一门科学的误区里。管理控制应该是核心的思想。我们应该努力做到，企业中的所有人都是可以被替代的。如果五个人的工作被两个人干，那么这两个人就是不可替代的。而接下来面临的问题就是员工越来越难控制，管理成本越来越高。这里说的成本不仅包括支付成本，还包括心理成本。反之，如果十个人的工作被十五个人干了，即表明专业化分工更细了。在这种情况下，每个人都是可以被替代的，企业的用人总成本下降。

4. 圣经四—— 人是重要的

在组织所有的精英要素中，究竟哪一种要素是最重要的呢？毫无疑问是人。人力资源具有不可替代性。花钱多未必好用，花钱少未必用得不好。从古至今，有两条真理亘古不变，第一，我们生存的资源是有限的；第二，我们的能力是有限的，这两条决定了我们只能做有限的事情，这就是专业的思想。组织的产生就其本质而言是一个专业化的产物。企业生的路千万条，死的路只有两条，一条是多元化经营，一条是无边界扩张。历来做企业有两个观点，多元化和专业化。其实，工业革命所带来的最大变化就是专业化。中国自改革开放以来受到太多市场的困惑，其实很简单，竞争就是做事要专业，只要专业就有了竞争力，当失去这个专业，也就失去了竞争的优势，就失去了生存的保障。从人力资源管理的角度看，专业化优势不外乎有两个保障，人力资源和非人力资源。人和组织，到底是什么关系？经济学早就有解释，无论是人力资本还是非人力资本，都有两个属性，一个是抵押属性，一个是看护属性。作为物的东西，有价值，旁边一定有看护，价值越高，对看护者的要求就越高。人力资源重要性之一体现在人力资源的看护难度极大。

经济学所有理论所依赖的基础就是：资源具有稀缺性。对于合格的员工来讲同样如此。不仅人的数量稀缺，个体员工的能力也是有限的。一个企业的成长壮大需要各种类型人才的累加，不仅要满足数量的要求，而且同样反映在质量要求上。企业的竞争优势归根结底就是两样：人力资本和非人力资本。在企业创建初期，可能会将资金、原材料等因素放在第一位，但当企业发展到一定阶段时，客观上就对人力资源提出了更高的要求，不仅要在用人上下功夫，有效的人力资源管理显得更为重要。只有将上至高层管理者下至普通员工都视为重要的公司资源，才能有助于企业的成长壮大。

5. 圣经五——人是难于管理的

人是难于管理的，这是第五条圣经。为什么？其实很简单，因为人力资本和非人力资本一样，也具有抵押和看护两个属性，但人力资本和非人力资本最大的区别在于，非人力资本与其看护者是分开的，但人力资本的看护者是自己。在实践中，我们常常发现，有能力的员工非常难管，其难管的原因在于，有能力的员工在企业价值得到提高的同时，其在劳动力市场的价格同样也得到了提高。

正是因为人力资本的抵押属性和看护属性的不可分割性，决定了其价值越高、流动性越强，管理也变得越困难。因此，面对那些优秀的员工，仅仅靠管理的控制根本控制不住。因此我们需要权变我们的管理理念。

6. 圣经六——人是需要尊重的

什么叫对人的尊重？体现出管理的公平就是对人最大的尊重。根据激励理论家马斯洛的需求层次理论，每个人都有五个层次的需求：生理需求、安全需求、社交或情感需求、尊重需求和自我实现需求。从激励的角度来看，没有一种需求会得到完全满足，但只要其得到部分地满足，个体就会转向追求其他方面的需求了。按照马斯洛的观点，如果希望激励某人，就必须了解此人目前所处的需求层次，然后着重满足这一层次或在此之上的需求。在现代企业里的员工尤其是知识型员工，其需求的层次一般都比较高，对于尊重的需求就更加明显。在这种情况下，给予员工充分的尊重就是给予他们最大的激励之一。

7. 圣经七——人是多样化的

每个人都有区别于其他人的特点，因此，人必然会是多样化的。一个组织的所有成员在服从共同的组织理念的前提下，个体特质也应当保持一定差异，多样化已经成为社会发展的趋势。多样化员工不仅仅是指企业在人力资源的构成上需要各种技能的员工，而且就员工个人来讲，也呈现多样化的才能，突显个性色彩。多样化员工管理的具体的含义是，"一个组织的所有成员在服从共同的组织理念的前提下，个性特征应保持一定的差异。例如，性别不单一，年龄多层次，智能多元化，气质、性格多类型，具有一定的正当爱好或者特长等等。所有的员工的能力与其岗位职责相匹配，兴趣尽可能与其工作内容相吻合，使组织成为年龄衔接、知识配套、智能互补、能级合理、心理相容、长短相济、目标一致，团结协作的群体"。

针对员工的多样性特征，在管理中应当注意做到以下几点：

（1）必须树立"以人为本"管理理念；

（2）构建多元的企业文化，适应多样性员工管理的需要；

（3）管理人员必须具备开放的心态和必要的沟通技巧；

（4）采用多样化的福利制度；

（5）培训方式的多样化。

8. 圣经八——人的管理是一门科学

首先，基于心理学的研究，对人的管理本身就是一门科学。不管怎么说，人力资源管理最终要落实到对人的研究上。管理是一门科学，管理并不是管理者随心所欲的结果，它是有规律可循、有技术支撑的。特别是对人的管理，不仅人力资源管理研究对人的管理，心理学、社会学、经济学、组织行为学等相关学科的研究也为人力资源的管理提供了广泛的理论研究和实践基础。仅就人力资源管理的薪酬设计而言，它是一项建立在组织与工作系统研究、工作分析、工作评价、薪酬调查、劳动力市场分析、公平管理、员工心理研究等一系列管理的理论与实践基础之上的一整套管理工作系统。其中的每一项工作都体现了管理科学的研究思想和科学的研究方法，最终才能保证企业的薪酬制度设计的公平性、合理性和科学性。此外，面对人力资源这种特殊的管理对象决定了其管理的难度和复杂性。因此，在遵循科学管理的前提下，管理的灵活性更加体现出多种学科的综合应用特征。

第五节　文化整合——创建基于使命和价值观的企业文化

一、管理的文化现象

1. 组织文化的内涵

组织文化又叫做企业文化，是人类文化、社会文化和经济文化的一个子属，是一种集团文化（或团队、团体文化）。它内含组织精神、组织灵魂、组织价值观、组织经营思想、组织管理哲学、组织行为规范与准则，又为企业共同体成员所接纳，形成一种群体意识，成为组织成员共同信仰、共同追求、共同约束和统一的行为准则。组织文化外化为、并强烈地作用于组织的物质文明、制度文化规范和文化符码与标志。

组织文化可以定义为：是一个组织中代表其成员的特性，并影响其态度和工作方法的惯常行为方式的综合体系。美国当代著名的企业管理学家、企业文化概念的创立者之一托马斯·彼得斯和小罗伯特·沃特曼认为："一个伟大组织能够长久生存下来，最主要的条件并非结构形式或管理技能，而是我们称之为信念的那种精神力量，以及这种信念对于组织的全体成员所具有的感召力。"他们对优秀的公司文化推崇备至、大力倡导："成绩卓著的公司能够创造一种内容丰富、道德高尚而且为大家所接受的文化准则，一种紧密相连的环境结构，使职工做出不同凡响的贡献，从而也就产生有高度价值的目标感。这种目标感来自对产品的热爱、提供高质量服务的愿望和鼓励革新以及对每个人的贡献给予承认和荣誉。"企业是经济社会中一种重要的组织模式，对文化的研究可以让我们加深对组织文化的认识。

Z 理论的创始人、日裔美籍管理学教授威廉·大内把企业文化明确为："一个公司的文化由其传统和风气所构成。""这种公司文化包括一整套象征、仪式和神话。它们把公司的价值观和信念传输给雇员们。这些仪式给那些原本就稀少而又抽象的概念添上血肉，赋予它们以生命力。"

美国学者泰伦斯·狄尔和爱伦·肯尼迪把企业文化界定为："企业文化由价值观、神话、英雄和象征凝聚而成，这些价值观、神话、英雄和象征对公司的员工具有重大的意义。"

作为一种集团或组织文化，企业文化是企业文化共同体在一定的文化大背景下，以共同体内部创新为主，外部文化刺激、输入为辅，内、外文化交互作用所形成的多层次的复合体系。它以企业精神、公司灵魂为核心，以企业文化理念群、企业价值准则、企业伦理道德、企业文化心态、企业亚文化为主要内容，以企业物质文化、企业制度文化为支撑，以企业文化符码为外部记载、传播、输出工具，融企业宗旨、行为规范、伦理体系、价值准则、习俗、信仰、制度规定为一体，是企业赖以存在的精神支柱，有形和无形的行为法典，具有维系、约束、激励、阻抑组织行为等多种功能。同时，企业文化的构成内容本身还包括了企业社会责任的内容，例如一个企业十分重视产品的质量，力求为公众生产安全的产品，这本身就是在履行社会责任。

2. 组织文化的形成模式

组织文化的形成是一个长期积累的过程，普遍认为组织文化的形成模式如图 3-17 所示。

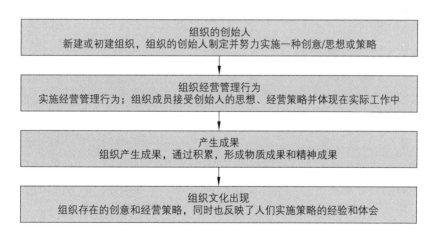

图 3-17 企业文化的形成过程

一种组织文化的起源，往往同那些作为公司创始人的杰出企业家的创业意识、经营思想、工作作风、管理风格，与其意志、胆量、魄力、品格，与公司文化赖以存在的时代文化环境，以及与公司创业初期结果的印证等等，都有直接的关系。

组织文化起源除了受公司创始人的巨大影响之外，公司文化赖以形成、存在和发展的时代背景也有直接影响。一种管理思潮形成后，它就有极大的渗透性和诱惑力，因而对那些在这种思潮中诞生的公司文化的起源有着重大影响；一种管理风格、组织形式一经形成，它就会犹如某种"定势"、某种范式，具有极大的示范作用，对那些在其示范传递范围内的组织文化的起源产生重要影响；一次经营管理革命发生后，其对旧有组织文化传统冲击的余波就会绵绵不绝，因而对其后的新组织文化传统的形成起着重要的作用。例如美国19世纪后半期出现、20世纪初完成的企业管理革命，即现代多单位工商大公司文化传统的形成，一直影响了半个乃至一个世纪的美国及其他发达国家的公司文化。时至今日，伴随着新的社会转型，有迹象表明，这种旧有公司文化传统正在受到新兴产业的新的公司风范的挑战，但大规模的管理革命还只是潜在的或正在发生且尚未完结。因此，现如今仍旧是双重规范在起作用。

此外，组织文化起源还有一个早期印证、早期强化的问题。一种组织文化出现后，能否顺利发展起来、立住脚跟，存在机遇问题，这就如同一种新产品、一项新技术在市场上出现存在机遇问题一样：出现早了，过于"阳春白雪"，和者甚寡，就会因"鹤立鸡群"而备受孤立，以至于有可能难以为继，不得不放弃或背离初衷；出现晚了，业已成型，趋之若鹜，就会因其泛滥成灾而失却意义。因此，一种公司文化能否合乎时宜地出现，关系到它能否因适时强化而受到激励，迅速发展。否则，它便会自生自灭，成为公司文化时代的牺牲品、淘汰品。

二、教育和宗教——另一个视角看文化

文化有两个载体。一个是整个社会所提供的教育的信号，另一个就是宗教。文化就是通过这两个载体来传承的。

1. 教育

要想理解管理问题的实质，必须读懂文化，必须读懂教育。在同等条件下，假设有一个美国小孩考试分数出来后放学回家，父亲跟他做了对话。问："儿子，考试考了多少分？"孩子回答说："98。"美国父亲会说："太棒了！"因为西方人从小接受的最基本的教育就是首先要学会如何去赞扬别人。但是在中国企业里，人力资源管理究竟提供了多少教育信号？提供了多少惩罚和奖励的信号？研究表明，有84%的美国人至少每天对家人说一遍"我爱你"。但中国人"含蓄"之下，不会这样做，反而会觉得这样太虚伪。在美国人的思维下，子女为什么说爱父母？是为了感谢父母的养育之恩。父母为什么为子女感到骄傲？因为不管孩子做什么，既然已经长大成人了，父母都为孩子感到骄傲。但是在中国，如果子女的工作在大多数人看来是十分卑微的，父母会为你们感到骄傲吗？不会。其实从根本上说来，父母的骄傲不能算是为了孩子本身而骄傲，而是为了自己。

从薪酬给付的角度看，中国的企业家一般思维是：想要吗？想要多少？然后员工去

做，做了才有。企业家总是要求员工付出在先，企业家支出在后。但外企是支付在先，达到了标准就拿走薪酬，达不到就走人。这就是文化的一种表现方式，也是思维的方式。美国人做事关注过程，而中国则更注重结果。

从另外一个角度看，小时候有人送礼物，小孩一般是手往后一背，说："我爸不让我要。"但其实心里是想要的。所以中国人接受的教育有虚伪的成分，中国人在一块儿也因此难以坦诚相待。这就是在中国的企业中为什么存在那么多的人力资源管理问题。"人离远的时候坏人多，离近的时候好人多"，因为中国人不习惯去这样沟通，所以看所有的人都是坏人；因为不坦诚，所以对所有的人都有一种戒备。所以，绝大多数人力资源管理问题都是心理学问题。

什么叫绩效考核？关注与结果。什么叫绩效管理？关注于过程的指导和改善。西方人为什么有绩效管理？就是由他们的教育所确立的观点——既要过程也要结果所决定的。而在同等条件下，中国人的教育是怎样完成的呢？中国人的教育就是从小就考试要考100分，上学要上清华、北大。中国人没有接受过要建立自信的教育，而是要严谨谨慎、戒骄戒躁。"考试考了100分，父母还会问班里有几个人得100分的"，所以这就是为什么中国企业现在只要·出现考核就一定会有问题。因为我们只关注结果，失去了对过程的重视。

2. 宗教

除了教育，宗教对文化的影响也非常大。"在教堂中做礼拜，牧师的第一句话就会说，欢迎你们，我的兄弟姐妹们。"——无论在踏入教堂前是父子或是祖孙，在这一刻都成了兄弟姐妹的关系。这其实在传递一种精神——上帝面前人人平等。公平和平等是西方管理企业乃至治理国家最重要的思想。其实，整个人类的发展史就是宗教的发生、发展史。整个人类社会治理就是靠宗教来完成的治理过程。公平和平等的理念其实是管理中最重要的管理思想基础。员工解决信仰问题，老板解决道德问题——可以说，这是人力资源管理的终极解决方案。建立文化的目的是为了让员工有一个归属。但以往企业家的错误在于总是想用文化来规范员工的行为，却忽视了对员工高要求的同时，对自己的要求也应该提高。中国企业家缺乏此方面的准备，并把重点放在"用文化度人"而不是度己。

宗教和信仰，是一种心灵上的慰藉。

事实上，宗教和企业文化是一脉相承的。宗教，是人民在寻找一种解的力量。而在企业中，如果个人能解决困难，也就不用谈团队建设。如果薪酬制度是底薪加提成，底薪低而提成高，那么团队建设的意义就相对较小。因为这种薪酬制度强调的是个人。如果团队没有解，宗教就产生了。

一般而言，宗教有三个要素：第一，"给出一个未来的东西"。正如公司的发展远景；第二，宗教都有"教义"。正如企业都有文化纲领。强生公司企业文化是，首先，强生公司是世界最大最好的儿童护肤品生产供应商；其次，员工必须维护公司地位；最后，员工让与其相关的人和组织分享利益。强生等公司坚持吸引顾客，哪怕是少赚钱，等到别的商家降价的时候，他们即使不降价也能靠老客户生存。中国企业家通常认为，西方是市场经济，我们是计划经济，其实应该反过来。西方人关注模式，中国关注市场，急功近利，这些都是文化，文化是可以操作的；第三，宗教永远会有一个"神"。企业也有一个神，就是企业家。但如果企业家要把自己变成神，将会面临很多问题。例如道德和利益的冲突，该选择什么？"人要想赚钱，首先要干点缺德事；但想挣大钱，就必须遵守道德。"

三、企业文化与经营绩效

文化的影响通过组织过程表现出来，通过政策和规定的实质、计划和控制、信息的处理和交流以及决策等管理过程得以体现。

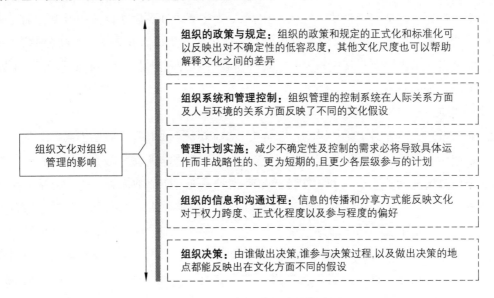

图 3-18　组织文化对组织管理的影响

1. 文化与组织的政策和规定

组织的政策和规定的正式化和标准化可以反映出对不确定性的低容忍度，因为明确规定了这些条文之后，就几乎没有质疑的余地了。其他文化尺度也可以帮助解释文化之间的差异。一个比较典型的案例是，为美国的跨国公司工作的欧洲管理人员经常抱怨那里的正式报告系统，以及由总部下达的大量书面政策和规定，尽管美国一般有较弱的不确定性的避免倾向。如果考虑到美国将雇佣看作是一种契约关系、公司是机械式的系统，以及低关联交流的方式，再来看这个问题，也许更容易理解。所有这些尺度都倾向于要求一种高程度的明了和直白，这就要求以那种普遍适用的标准化的操作规定来体现。政策和工作的描述规定因此被确定下来并标准化，从而使任何人都能照此工作。信息是渗透在系统里的，而不是由人作载体的，因为组织被认为是可以脱离其成员而独立存在的。这也许与以人为本的观念是矛盾的，但实际上，正是标准化才使得各个团体能够较为自由地选择工作或组织，并保证了他们在这个乡村市场上的职业选择的自由。并且，加上美国对普遍性的重视，为了保证所有人都能被平等对待，这些规定细节也是必要的。

一个关于英国和德国公司的比较表明，所有英国的公司都有详尽的工作说明，而德国公司中只有一家是这样做的。但对于两个国家不确定性的避免倾向来讲（德国强，英国弱），好像与所预计的情况相反。然而，德国的管理人员都是专家，一般在一件工作中停留的时间较长，工作的规定细则都已被很好地内在化了，于是要将其正规化的需求就不是非常强烈了。

另一方面，英国的管理人员则是通才或多面手，并倾向于经常转换工作。一项研究发现，在两个可比的公司中，英国的管理人员 30 个中有 25 个在四年之内就转换工作，而德国的管理人员则是 30 个中只有 10 个如此。因此，工作细则一般被正规化，以便为新的在职者提供一种普遍适用的规则。

更进一步来讲，英国的管理人员对书面条文和实际的责任之间的不符和差异具有较高的容忍度，因此对于遵从这些工作细则并不感到有特别的限制。而德国不乐于接受书面条款是源于对灵活性的看法，与英国的管理人员不同，德国的管理人员将会对任何书面条款与实践的差异感到不适应。

当沟通在人际关系及各种情况（高关联）中占有很大的分量时，规范和工作的说明一般不会被明确地制定。日本的管理人员一般都有关于公司的非常广泛的知识，这一点经常是默认的，就像是一个手工艺人，其经验是通过观察和在工作中的亲身经历得到的。此外，任务是分派给集体而非个人的。因此，个人的责任是模糊的。这也使得人与群体之间、群体与组织之间得以保持密切的联系，并使经验知识成为公司特有的资产，因此减少了组织的人员外流，使其成员都能固守在这个大家庭中。

2. 文化与组织系统和管理控制

组织管理的控制系统在人际关系方面（即在权力和人类的本性方面）以及人与环境的关系方面（即在不确定性和控制方面），也反映了不同的文化假设。例如，法国的管理人员认为管理者的最重要职能就是控制，而英国的管理人员则认为是协作。这也反映了对权力的不同态度。对法国人来讲，控制是源自权力跨度等级的；而对英国人来讲，协作是通过游说和斡旋达成的；因为人们并不认为上司就是全能的。

更进一步讲，控制的实质是依赖于有关人类本性方面的假设的。当员工被认为是有能力且能够自我驾驭时（Y 理论）则对沟通而不是对直接监督的依赖性增强。当管理人员认为工人们大都是懒惰且需要被别人监督时（X 理论），他们很可能会制定很严格的控制措施。

不同种类的控制"输入——中间过程——输出"在文化之间的差异也是非常显著的。法国人对从高等学府招收未来的高层管理人员是十分重视的。这就反映了对输入的控制——选择最好和最聪明的——因为认为他们能够胜任并带来产出。而德国的公司对招收学府精英则并不怎么感兴趣，他们更重视通过严格的学徒体系以及深入的专业工作经历来培养未来的管理人员。

对详尽计划以及运作控制的侧重也反映了中间过程控制的重要性。在美国和英国，则侧重预算、财务控制、报告的步骤，这更多地反映了对输出的控制。这可以从对预算目的的不同观念看出来。一项对同一家公司的美国分公司和法国分公司的管理人员进行的比较研究表明，对美国的管理者来讲，预算作为一种有用的工具，提供了具体的目标，用以与实际运营进行比较。而法国的管理者则更为关心整体的逻辑，以及预算体系的完美与否。这些差异反映了美国管理人员对他们自己用注重实效（机械式的）及以结果（业绩）为目的的方式来对事情施加控制的能力是非常自信的，而法国的管理人员更多的是依赖他们自身的分析能力，或者说是依赖其思考的高品质。

3. 文化与管理计划的实施

组织运行过程中，各项管理计划的实施也可以反映潜在的文化假设。一项由霍洛维特兹进行的对英国、德国和法国的计划实践的比较研究表明，英国的计划实践，通常更侧重于战略性，更为长期（以六年为计划的时间跨度），而且有更多过程中的参与。在德国，计划往往是针对具体运作的（包括非常紧迫而详尽的一年期计划）、较为短期的（时间跨度为三年），且几乎没有各层级的参与。在法国，计划更多是短期的（少于一半的公司有长期的计划）、更多的行政性（三年的财务预测），同时也是很少有各层级参与的类型。更短的计划期间和更加操作性的或行政性的定位反映了对限制不确定性的一个更容易驾驭的时间阶段，以得到更为具体的成果。因此，对减少不确定性，并施加控制的需求必将导致面向具体运作而非战略性的、更为短期的、且更少各层级参与的计划。

4. 文化与组织的信息和沟通过程

组织为了做出决策，为了就政策和规定进行沟通，为了完成不同部门、单元之间的协作，就必须对信息进行处理。至于要寻求和留意什么样的信息，信息是如何传播的，以及什么信息与什么人共享，是很能反映出文化对于权力跨度、正式化程度以及参与程度的偏好。

例如，法国公司经常被法国的管理人员们描述成"责权明确的"，即在水平及竖直方向都被非常清晰地在结构上加以规划。这就澄清了个人的角色和责任、权利和义务，因此也澄清了在履行个人职责时，个人应该运用判断力做出决策的程度。这样，信息在群体之间的流动就受到了限制。

更进一步讲，如果我们将组织看作是基于关系的社会体系，比起将信息看作是个人的而非公共的这种观点，就更容易被共享。信息流通是通过个人之间的联系来完成的。用一位法国的管理人员的话来讲就是，"广泛传播的信息显然是没有用处的"。而且，法国组织的行政的实质促成了将信息看作是权力的源泉这种观点，也因此不容易被摆脱和放弃。因为这些原因，在法国的公司里非正式的交流占有相当重要的地位就不足为奇了。一项在 *Nouvel Economiste* 中的调查研究结果表明，经小道消息得到的信息要比经顶头上司得到的信息更为可能。不同的信息渠道对这种集权化的、正式的并且是有限参与的信息流通起到了有益的补充作用。

日本的公司鼓励在组织的各个层级上，包括在组织内部（在员工之间）以及在组织外部（与供应商和顾客之间）进行高密度和大范围的讨论。日本公司的高度适应性也经常被归因于这种跨越边界、开放式的信息流通。通过加大信息非正式流通的程度，日本的公司就有能力来产生和利用知识，从而创造出了一个"学习的公司"。

对于物理空间及其所产生的相互交流方式的利用，都是人为产生的文化的衍生物，这也反映了对权力跨度、正规化程度量以及参与水平的最佳程度所持的不同观念。这些观念影响了不同国家里各个公司中信息的流动和交流沟通。更深入地挖掘下去，我们发现在不确定性存在的情况下，关于信息利用的假设是有不同之处的。例如人们是否被认为是可以信赖并且具备一定能力的，信息应该被作为保留权力的手段还是应该共享。此外，我们还发现对于信息之下潜在的文化方面的意义有着不同观点，其一是信息是基于机械的模式起作用的，其二是信息是基于行政目的起作用的。

5. 文化的对组织决策的影响

组织决策的实质也是深植于文化根基之中的。由谁做出决策，谁参与决策过程，以及做出决策的地点（在正式的委员会上，还是在相比之下非常不正式的门厅或走廊，抑或是在高尔夫球课上等等），这些都能反映出在文化方面不同的假设。所以，正如不同的时间界限一样，决策过程的实质也能够对贯彻决策的速度产生影响。

也许在瑞典和德国这样权力跨度较为扁平化的国家里，我们能够得到非常之多的关于在决策过程中有广泛参与的证据。瑞典，也许是沿着工业化民主这条道路走得最远的国家，在那里，工会的领导人多是处在高级管理层的位置上，只参与一些主要的战略决策的制定，如重新安置海外的工厂等。每一个人都有为一个决策贡献力量的权力。决策意味着寻求共识。

在荷兰和德国，车间的委员会或是劳工的代表，在决定商务事宜的时候也起着重要的作用。对共识、社会平等以及福利的强烈认同和恪守，反映了关于集体主义和平日的工作环境质量的重要性假设。

对比而言，处于强调权力跨度或等级的文化背景下的公司，更可能对决策采取集权化的方式。例如在法国，政府就对公司的战略和政策的制定方面，经常是通过选择高级管理层的方式施加很大的影响。

日本的公司有着集体主义的取向，在决策这个问题上采用了另外一种不同的方法。在日本的书面请示（ringi）系统中，申请书（决策的提议）是在大家之间传递并要求个人在上面签名的。然而，签名本身并不一定意味着赞成，而是意味着如果这个决策被采用，签名者同意遵照其执行。尽管征求高层领导的意见是必须的，但是他们的这些观点与其说是清楚直白的，还不如说是较为含蓄的。因此，日本的管理人员就要在"读懂他们老板的意图"上花费额外更多的时间，以便找出什么才是真正预期达成的东西。通过这种方式，日本的公司协调了集体主义和重视权力跨度两者应该并重的问题。

北欧和美国的管理人员经常抱怨日本公司在做决策时速度太慢。而另一方面，日本的管理人员，则经常抱怨美国和欧洲的管理人员用来贯彻执行决策的时间过长。尽管在日本会用更长的时间来达成决策，但是一旦决策开始被执行，就会被更为迅速地贯彻，因为每个人都参与了整个决策过程，并且能够理解为什么决策要被执行，已经做出的决定是什么，以及下一步要做什么。美国人可能会因为自己的"富有决断力"而自豪，他们能够自己独立地很快速地做出决策。然而，他们也不得不在回到自己的办公室后花更多的时间来"卖出"自己的决策，诸如要解释为什么这样决策，决策是什么，怎样做出的决策，还要保证对决策的支持。于是不可避免地，贯彻执行就要花费更长的时间。

因此，决策的不同方法就会对达成决策所耗费的时间长短有很大的影响，即使是在那些有着共同的文化方面的假设的国家里也是如此。例如，一项对瑞典和英国的战略决策的比较研究表明，在瑞典需要花费英国两倍的时间，不仅仅是在确定战略问题方面（37 个月较之 17 个月），而且还体现在决定如何解决这些问题方面（23 个月较之 13 个月）。

这些在达成决策上所费时间的差异，可以由在决策过程中他人的参与程度和对达成共识的偏好程度来解释。在瑞典更多的人参与到对信息的贡献上来，并且在收集信息和比较各种可选方案上所花费的时间也是更多的。而且，对比在英国战略决策一般是由常务总监（首席执行官）个人做出的这种情况，在瑞典多数时候则是由管理层（作为一个集体）做出的。瑞典的这种共识驱动的方法（此法包括了政府和国家官员）导致了一种趋势，即将任务职责或是特殊工种进行分派这种非常费时的做法。

做出决策的速度不单单反映了过程，而且反映了人们普遍的对待时间的态度。许多西方的管理人员抱怨，他们对于紧急事件的感受并未得到他人的共鸣，而他人的观点似乎是"什么才是现在最紧迫的？"然而在亚洲以及中东，一个迅速做出的决策会意味着这个决策本身是缺乏重要性的。否则，就应该花更多的时间来考虑、深思并讨论，来予以足够的保证。因此快速做出决策并不一定被认为是一种有决断力并有极强领导力的特征，而且还反而会被认为是一种不成熟、不负责任，甚至是愚昧的表现。

　　更进一步说，在那些历史扮演着重要角色的文化中，传统不能被如此迅速地抛弃。因此，决策的做出和贯彻实施都需要更加缓慢地进行。这种现象可能在亚洲的文化中体现得更为明显，而其在文化背景相似的国家中也是存在着重要差异的。美国的管理人员，较少地受传统的束缚，也许就会认为欧洲的管理人员在做决策时速度太慢了。

　　总之，文化作用于组织管理和组织运行的各个方面。文化是一种组织行为产生的原动力，因此，在组织问题的讨论中，就必须时刻注意文化的影响。而这种影响在很多情况下所表现出来的价值是本质性的。

第四章
四大制度体系
——人力资源管理的制度构建

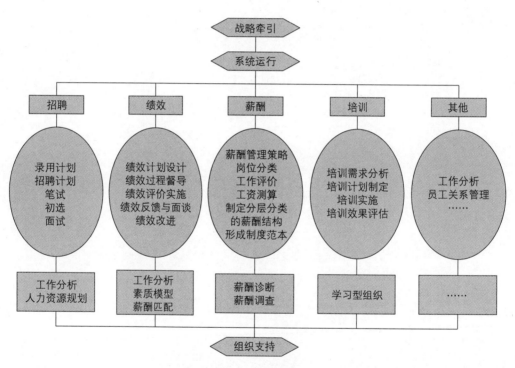

图4-1 人力资源管理主要功能模块的制度体系

我们在前面已经讲到，人力资源管理的各个功能是从流程当中来的。一般来说，招聘和甄选、绩效管理、薪酬管理以及员工培训与开发构成了企业人力资源管理活动的四大功能模块。人力资源管理发展到今天，已经演变为开始支持战略的实现，同时需要企业其他部门的协作与支持。在本章以及本系列丛书中，我们构建了战略牵引、系统运行和平台支持的三维度框架，对各个功能模块进行分析。也可以说，本章是其他四本书的精华和总括。

战略牵引：企业必须以经营战略的总体认识确定其人力资源管理。人力资源管理的各个功能模块直接对员工的工作态度、知识技能等方面产生影响。管理水平高，可能就容易做出正确的招聘决策，员工的工作态度就端正，情绪就高昂，这些直接导致企业核心竞争产品或服务的形成，最终形成企业竞争优势，达成企业战略目标。企业战略的落地，是要借助于人力资源管理的具体实施行为来实现的。两者间的关系密不可分。

系统运行：是这一部分的主体内容，主要是各个功能模块的流程和实际操作步骤。

平台支持：本书所指的系统支持，主要指的是该项各个模块中所使用的工具。

以上三要素之间的关系是相互依存和促进的动态关系，战略牵引着企业的各项活动，基础工具为薪酬管理提供平台支撑，而在薪酬管理的运行过程中，在落实战略和利用组织基础资源的同时也需要其提出调整的建议。总之，系统是运动着的，战略和平台也不是静止的，它们也需要依据运行状况不断更新和提升。

第一节　招聘和甄选

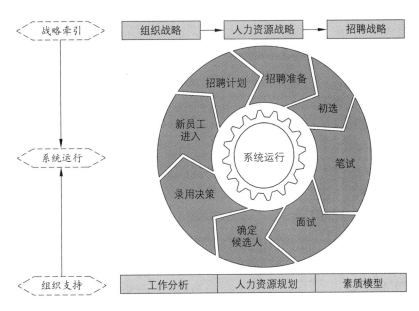

图4-2　招聘系统平台三要素模型

一、战略牵引

对于企业家来讲，战略是企业家为实现企业家精神绘制的蓝图；对于企业来讲，战略体现在企业实现经济利益的过程中。总的来说，战略是方向和方法的集合，战略具备对人和组织的牵引力，拉动其实现符合战略的目标，而制约与战略相背离的目标。同理，这种对于人和组织的牵引力也对工作发生作用，招聘作为企业吸纳人才的唯一入口和其他工作开展的重要基础，必须考虑到企业战略和人力资源战略。

招聘的战略视角就是从组织战略分解到人力资源战略，再分解到招聘战略。在全球经济不断高速发展的今天，各种资源按照市场价值规律进行有效地配置，人力资源更是成为众多资源中备受关注的一种，人才招聘的环境和理念正在发生巨大的变化，使得招聘工作的难度大大增加了。要想招聘到企业所需要的优秀的、合适的人才，就必须明确企业的发展战略和人力资源战略，因为这是招聘战略的航向标，起着重要的指导作用。企业可以根据组织的内外部环境，制定出具有竞争力的企业战略和人力资源战略，在人力资源战略的指导下，提高人力资源管理的效率和效果，实现人力资本的增值。

企业战略决定着员工战略的目标和方向，决定着员工招聘的数量、质量、层次和结构，决定着员工招聘策略与企业经营战略是否一致。因此，分析员工招聘首先应该探讨其与企业战略的匹配性。

二、组织支持

组织支持包括工作分析，人力资源规划和素质模型。作为招聘的组织基础，必须把握好工作与人的匹配，达到此目标的前提是了解企业的真实需要，了解工作和个人，工作分析可以解决对工作的了解问题，素质模型可以更了解个人，而人力资源规划可以确定企业的人才需求，从而使招聘工作有的放矢。

工作分析、人力资源规划和素质模型作为人力资源招聘的基础，体现了招聘以现在预测未来、基于岗位和能力的理念，下面做简单介绍。

1. 工作分析

工作分析是通过系统全面的情报收集手段，提供相关工作的全面信息，以便组织进行改善管理效率。工作分析是人力资源管理工作的基础，其分析质量对其他人力资源管理模块具有举足轻重的影响。工作分析在人力资源管理中的位置毋庸赘述，它为人力资源各项管理活动提供依据，通过对工作输入、工作转换过程、工作输出、工作的关联特征、工作资源、工作环境背景等的分析，形成工作分析的结果——职务规范（也称作工作说明书）。职务规范包括工作识别信息、工作概要、工作职责和责任，以及任职资格的标准信息，为其他人力资源管理职能的使用提供方便。

岗位任职资格条件既是岗位评价的重要参考要素，又是该岗位人员空缺时设计招聘要求的基础。招聘广告中一般有空缺岗位的学历、工作经验、专业技术水平、能力方向、人格特征等要求，而这些内容在岗位说明书的任职资格条件项目中均可找到。

2. 人力资源规划

狭义上指企业从战略规划和发展目标出发，根据其内外部环境的变化，预测企业未来发展对人力资源的需求，以及为满足这种需要所提供人力资源的活动过程。广义上指的是企业所有各类人力资源规划的总称。其任务是系统地评价组织中人力资源的需求量，选配合适的人员制定和实施人员培训计划，促使人力资源的合理运用。比如，在相当多的企业中，其中一些人的工作负荷过重，而另一些人则工作过于轻松；也许有一些人的能力有限，而另一些人则感到能力有余，未能充分利用。人力资源规划可改善人力分配的不平衡状况，进而谋求合理化，以使人力资源能配合组织的发展需要。

人力资源规划中的人员配备原则如下：

（1）因事择人

（2）因材器用

（3）用人所长

（4）人事动态平衡

3. 素质模型

素质模型是一种用以描述操作一项特定工作的关键能力的决策工具。在很多情况下，素质模型比工作描述（经常忽略知识和技能）更可靠，比技能列表更可靠，比内部感受的目标性更强。素质模型应当包括那些对取得工作预想结果关键性的素质。随着知识经济的发展以及知识型员工在企业中的增多，素质模型的研究将逐渐成为战略性人力资源管理的基础，在企业人力资源战略中发挥重要的作用。

一般地，人员甄选与招聘是素质模型应用程序的第一步，并且可能是对组织产生影响的最直接的途径。通过对特定岗位素质以及素质模型的研究，可以预先确定该职位的任职资格。这样就可以做到在招聘广告的刊登、应聘简历的筛选以及对应聘者的评估方面的一致性。同时，针对岗位的素质的研究以及素质模型的提出，将为对应聘者更深的素质的甄选提供依据，尤其对于那些难以通过培训获得的素质项目，例如：灵活性、团队合作性。通过建立企业内部各类职位的素质模型，为选拔和招聘最适合本企业的人员提供了有利的依据。虽然特定岗位的素质模型的使用不能百分之百地确保所招聘来的员工一定具有高绩效，但如果没有它，建立合适的甄选标准的可能性就会大大降低。

三、系统运行

系统的运行中包括的是招聘的核心工作，如果说前两者是招聘的基础，那么系统运行就是操作问题，必须体现流程化和制度化，这样才能提高效率。

细节决定成败，而管理细节的实现，靠的是程序。保证有效的执行，招聘必须明晰招聘应该是怎样一个程序、具体工作的流程是什么。招聘流程主要分为以下几个部分：招聘计划、人员甄选、录用管理、招聘评估等。

流程不是解决为什么而做、为什么这样做而不那样做的问题，而是解决怎么做的问题，即更多的是从执行的角度把个人或组织确定的目标执行到位，而不考虑或者改变组织的决策，在决策确立之后，流程要解决的就是如何更好地实现决策的目标，而不是改变决策的目标。流程是因提高效率而有价值的工具，任何为了创作流程而不考虑效率的方法都是错误的，因而流程的概念其实涵盖了动态调整和改进的需求，在运用时，应关注流程实践中的合理化调整。所以，招聘程序的灵活性包含两层意思：一是选择问题，即针对不同的招聘对象运用不同的流程；二是动态调整问题，即针对过程中的需要进行流程改进或再造。

1. 招聘计划

策略是理念，理念即方法，计划是行动步骤。招聘计划的制定不仅包括通常意义上的招聘计划，还包括招聘的策略实施以及替代性活动与相应的方案。企业管理永恒地追逐效率，如果能在节约资源的同时有效地完成工作，则不仅实现了任务达成的目标，同时在资源总量有限的前提下保障了企业总体招聘价值的实现。

招聘计划包括以下六方面内容：招聘团队组建、招聘渠道的选择、信息发布的确定、问话提纲的准备、招聘方式的选择和招聘费用预算。

（1）招聘团队组建：招聘者的表现将直接影响招聘中组织形象的树立，也直接影响申请者是否愿意接受组织提供的工作岗位。组建招聘团队应该遵循以下原则：知识互补、能力互补、气质互补、性别互补及年龄互补；与此同时，还应注意招聘活动的严密性、招聘者的言行以及确保求职者的隐私权。

（2）招聘渠道的选择：招聘渠道主要包括内部招聘和外部招聘两种，对内、外部条件的分析是选择并确定招聘方式的基础。

（3）信息发布的确定：企业发布招聘信息的渠道主要有招聘会、招聘广告、职业介绍机构、人才机构、校园招聘、员工推荐、网络招聘等。各种发布方式都有其优、劣势，要选择最有效的渠道，就必须综合考虑招聘职位的不同、职位空缺的数量、需要补充空缺的时间限制等因素。

（4）问话提纲的准备：招聘者在进行招聘之前必须清楚地知道自己想要从应聘者身上获取的信息内容，因此制定相应的问话提纲来达到这一目的。

（5）招聘方式的选择：一般来说，招聘方式有加权、申请技术、面试、笔试、心理测验、评价中心等。

（6）招聘费用预算：影响招聘面试实际开支的因素主要有支付同样薪水的岗位空缺数量、某项工作需要招聘新员工的频率、广告费、培训等。

2. 人员甄选

人员甄选是整个人力资源管理体系中具有基础意义的重要一环。对于任何组织，尤其是以人才为核心竞争力的知识型组织来说，选择合适的组织成员对于组织的生存能力、适应能力和发展能力，都将会产生至关重要的影响。因此组织有必要在招募到大量候选人的前提下，采用审慎而适当的甄选办法，从中挑选合适的组织成员。

人员甄选是从职位申请者中选出组织所需要的最合适的人员的过程。它包括资格审查、初试、笔试、面试、心理测验以及其他测验、体检、个人资料核实等内容。这一阶段工作的质量将直接影响组织最后的录取质量，也是管理中技术性最强和难度最大的重要阶段。

人员甄选有三个重要的假定，分别是：人是不同的；人是可以测量的；对人的特征测量和绩效预测是相关的（线性相关或者非线性相关），也就是说，在雇佣之前通过申请表、面试、测验、工作模拟等甄选工具对求职者进行测量所得到的测量结果能够准确地预测这些求职者当中将被雇用员工的工作绩效。

3. 录用管理

当应聘者经过了各种筛选以后，最后一个步骤就是录用与就职。人员录用是指从招聘选拔阶段层层筛选出来的候选人中选择符合组织需要的人，做出最终录用决定，通知他们报到并办理入职手续的过程。这项工作是招聘工作的关键环节，它将直接决定组织吸收的人力资源的素质。

企业应该遵照下列原则推进人员录用流程：

（1）因事择人与因人任职相结合；

（2）平等竞争原则；

（3）重视工作能力原则；

（4）工作动机优先原则。

4. 招聘评估

招聘工作结束以后，应该对招聘效果进行评估。通过系统、科学的评估过程，可以发现企业招聘工作中的不足以及使用的招聘手段的优缺点，并探究解决问题的方案，从而提高以后招聘工作的效率。作为人力资源工作者，除了要系统地掌握各种招聘方法、手段、流程外，还需要掌握各种招聘效果、评估技术及其操作流程。

招聘效果评估的主要内容包括以下几个方面：

（1）招聘成本评估：招聘成本评估是指对招聘过程中发生的各种费用进行调查、核实，并对照预算进行评价的过程。

（2）录用人员效果评估：录用人员效果评估是根据招聘计划，从应聘人员的质量、数量及用于填补空缺职位所用的时间三个角度来进行评估。

（3）招聘效率评估：评价招聘效率主要从招聘部门的行动是否迅速及部门经理能否及时安排面试两个方面进行。

以上三要素之间的关系是相互依存和相互促进的，战略带动企业的各项活动，组织环境提供招聘的各种支撑，而在招聘的进展过程中，在实践战略和利用组织基础资源的同时也需要做出反馈，对战略和组织环境提出调整的建议。总之，系统是运动着的，战略和平台也不是静止的，它们也需要依据运行状况不断更新和提升。

第二节　绩 效 管 理

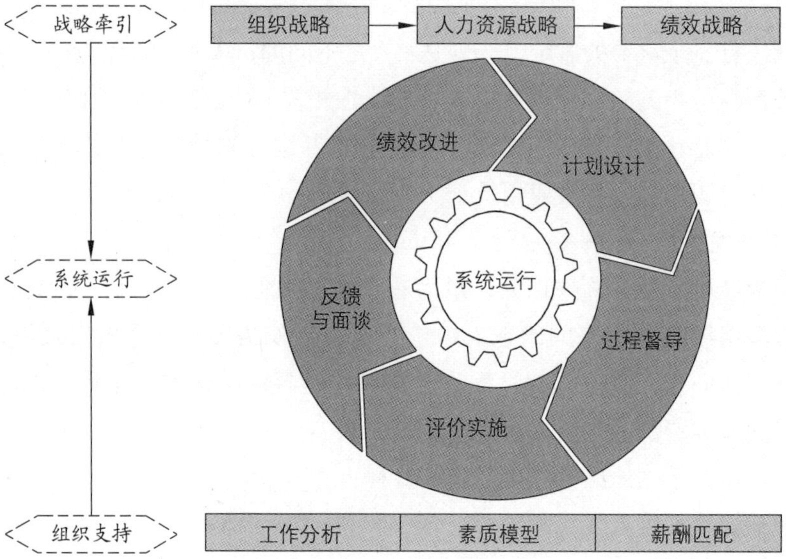

图4-3　绩效系统平台三要素模型

一、战略牵引

绩效管理在整个人力资源管理中扮演着非常重要的角色。因为在所有人力资源管理的活动中，只有绩效管理是一项全员性、持续性的管理活动。绩效管理一直被管理者所推崇，这种推崇更多的体现在指导思想上的重视，但重视本身并没有使管理效率提升和改善员工行为。

推行绩效管理有两项重要的管理前提，即目标管理和计划管理。没有目标管理和计划管理也就没有绩效管理。所谓目标，就是"员工该做什么"；所谓计划，就是"员工该怎么做"。清楚了"员工该做什么"，也就知道了应该考核什么；了解了"员工该怎么做"，也就明确了考核是什么标准。从目标出发，有计划的对绩效过程实行管理，才是真正把握了绩效管理的思想。

绩效考核的重要思想是"要什么考什么"，而考核经常走入"有什么考什么"的误区。考核内容切忌面面俱到。因为考核的内容越多，权重也就越分散。绩效考核的内容应该来自重要职责领域，包括基于战略目标实现的关键业绩指标，以及关键业绩领域（KPA）和关键结果领域（KRA）。绩效管理，究其根本，是通过一整套有效的方法体系来支持企业战略目标的实现。而企业对战略目标的把控体现在绩效指标设置的权重上。

二、组织支持

组织支持是指工作分析、素质模型和薪酬设计等方面的支持，包括整个组织运行环境的影响。有效的工作分析有助于准确地提炼关键业绩指标，行为态度和素质能力的把握也是绩效考核的必备条件，而与之匹配的薪酬设计是绩效管理推行的有力保障。

1. 工作分析

重新回顾工作分析的定义和意义，我们发现，工作分析是根据组织内部的需要，通过岗位调查、分析、设计和评价各个岗位的功能和要求，明确每个岗位的职责、权限，以及承担该岗位职责的人员所必备的资格和条件，以便为事择人。

（1）工作分析和工作设计可以作为工作绩效计划的依据。工作绩效计划的制定不能超出员工的职责范围，也不能超出工作分析设定的最高工作量，以免员工超负荷或低负荷工作。

（2）工作分析和工作评价可以作为岗位绩效评价的依据。工作分析中含有针对不同岗位所确定的考核指标，工作绩效评价时应该参考这些指标；工作评价的结果可以反映部分影响工作绩效的因素，工作绩效评价应该考虑这些因素，做到评价的客观性。

（3）工作评价可以作为岗位绩效反馈及改进的依据。在对工作绩效进行反馈及改进的过程中，要考虑到工作评价的结果，以便明确失误的责任在于工作设置还是员工本身，避免反馈和改进的盲目性。

2. 素质模型

通过上一节对素质模型的介绍，可以发现，胜任素质模型是对优秀行为的明确定义和描述。所以绩效管理是从选对人开始的。没有行为，哪里会有结果？而行为的产生是由人的能力素质决定的——这就是"投入—过程—产出"原理。通过提升员工的胜任素质，再加上建立以绩效考核为基础的绩效管理系统，才能最终确保企业绩效管理提升。

胜任素质是基础，绩效考核是手段。胜任素质模型就是为了完成某项工作，达成某一绩效目标所要求的一系列素质要素的组合，包括不同的动机表现、个性与品质要求、自我形象与社会角色特征以及知识与技能水平。所以说以素质模型为基础的绩效管理，为各个操作系统提供了科学的理论依据，解决了所以然的问题。

3. 薪酬支持

不管是哪种方式的绩效考核，都要与职工薪酬联系起来，才会起到应有的作用。从理论上讲，绩效考核是以客观事实为依据，对员工的工作态度、能力和业绩等进行有组织的观察、分析、总结和评价等一系列程序性的活动。开展绩效考核，目的是全面评估员工的各项工作表现，使员工了解自己的工作表现与取得报酬、待遇的关系，获得努力向上改善工作的动力。绩效考核主要服务于管理和发展两个方面，通过科学有效的绩效考核，可以发现并激励优秀人才，不断提高企业管理水平，降低成本费用，提高企业可持续发展的动力。

绩效考核必须与薪酬制度挂钩，与奖励惩罚结合，才能促使员工将个人目标与企业目标统一，实现双赢。

三、系统运行

绩效管理是一个循环的、动态的系统，分为五步：绩效计划设计（plan）、绩效过程督导（prepare and program）、绩效评价实施（perform）、绩效反馈与面谈（process and communicate）和绩效改进（perfect），即 5P 模型。

1. 绩效计划设计（plan）

绩效计划是整个绩效评价体系的第一个环节，它是绩效管理过程的起点。绩效计划是一个确定组织对员工的绩效期望并得到员工认可的过程。绩效计划必须清楚地说明期望员工达到的结果及为达到该结果所期望员工表现出来的行为和技能。

绩效计划的设计立足于绩效评价目标的确定。绩效评价目标的确定应该立足现实，着眼未来。进行有效的绩效诊断和资源评估，实现对现实的准确把握；进行目标定位与开发，实现对未来发展的支持。

绩效计划设计最终旨在构建一套目的确定、标准确切的评价体系，而后再通过彻底的实施继而保证绩效管理的有效性。从工作期望出发，提取绩效评价指标，衡量绩效指标标准，明细绩效评价责任，选定绩效评价方法。也就是说，从把握工作期望开始，逐步形成评价体系的思想。

2. 绩效过程督导（prepare and program）

绩效计划的有效设计为绩效管理的执行奠定了基础，有了确定的目的、确切的标准，以及健全的体系，接下来就在于彻底的执行，而绩效管理关键是要赢在执行。有效的过程督导则是绩效管理有力执行的前提。

绩效过程督导首先是绩效管理思想的灌输和绩效考核方法的宣导。绩效管理的彻底执行有赖于员工的支持，而绩效导入正是致力于获取员工对绩效管理的认同与支持。在绩效导入的过程中，绩效培训扮演了重要角色。通过培训，强化员工自身的绩效管理思维，增进员工对绩效管理的认可程度，提高员工配合管理进而改进绩效的能力。

绩效信息的收集和分析是一种有组织的、系统的收集有关员工工作活动和组织绩效的方法。所有的决策都需要信息，绩效管理也不例外。没有充足有效的信息，就无法掌握员工工作的进度和所遇到的问题；没有有据可查的信息，就无法对员工工作结果进行评价并提供反馈；没有准确必要的信息，就无法使整个绩效管理的循环不断进行下去并对组织产生良好影响。

持续有效的绩效沟通就是管理者和员工共同工作，以分享有关信息的过程。沟通与反馈是连接绩效计划和绩效评估的中间环节。在绩效导入之后，基于对绩效信息的收集和分析，就工作进展情况、潜在的障碍和问题、可能的解决措施等与员工进行沟通，为绩效管理的执行扫除障碍。

绩效过程督导本身也是一个重新审视既定绩效评价体系的过程，基于员工对考核思想的认同程度、对考核方法的接受程度，依据所掌握的绩效信息，考虑到沟通中反馈的问题，调试和维护既定绩效指标，不断健全和完善绩效评价体系。

3. 绩效评价实施（perform）

绩效评价实施是整个绩效管理体系的核心环节。从工作期望出发，提取绩效评价指标，并选定科学的衡量标准，继而对员工的业绩水平、行为与态度及综合素质进行考核。

绩效是结果。出于这种思想，考核员工的业绩水平，用于指导奖金的分配与发放。基于战略的 KPI 指标考核不仅准确的反映员工业绩，更重要的是，考核本身与战略目标的一致性使考核本身成为推动战略落地的有效手段。指标分解是基于战略的 KPI 指标考核的第一步，它以公司年度发展目标为导向，分析各部门与目标达成的相关性，基于这种相关性来提取部门的工作任务，继而清晰部门关键业绩指标。在此基础上，形成员工绩效目标责任书。基于战略的 KPI 指标分解，通过对具体的、细化的，更重要的是与公司战略目标一致的指标的考核管理，使战略目标真正落实到日常的经营管理中去。

绩效是行为。出于这种思想，考核员工的行为与态度，作为员工薪酬调整的重要依据。基于员工日常行为与态度，依据行为态度数据库的内容与标准进行考核，营造积极努力的行为氛围。

绩效是素质。出于这种思想，考核员工的素质与能力，为员工晋升提供参考。素质与能力的考核是多维的，又因为员工岗位性质的不同而有所差异。综合素质考核是一项定性的考核，却是一种定量的表达。

体现对员工的尊重是管理最大的公平。绩效考核的结果面向所有员工，允许被考核者通过组织程序提出异议、寻求解释，甚至要求修正。经认定属于考核者操作失误后，应及时修正考核结果，并启动考核失误追究机制。

4. 绩效反馈与面谈（process and communicate）

长期以来，绩效反馈的重要性都未曾得到足够的重视。许多企业的绩效管理过程往往只进行到绩效考核的环节结束后，就戛然而止。绩效考核流于形式，绩效管理成为无法落地的空谈。各式各样的表格在花费了大量时间和精力填写完成后被束之高阁。管理者觉得很累而且不见成效，员工对绩效管理的有效性充满疑惑和质疑。

实际上，绩效反馈对于绩效管理整个系统都有着至关重要的作用。据估计，企业员工绩效不彰的原因，有50%就是缺乏反馈。如果不做出及时有效的反馈，员工无法确知整个绩效周期中自己的工作成果是什么，无法了解自己的工作绩效是否符合组织期望，也无从获悉该如何完善自己的绩效表现。因此，改善绩效最快速、最便宜、最有效的方法是给予反馈。

绩效管理的最终目的是持续改进企业绩效，从而成为支撑企业战略实现的关键控制手段。绩效反馈正是实现绩效考核向绩效管理转变的关键桥梁。一方面，绩效反馈使得绩效考核结果落到实地；另一方面，绩效反馈为改进绩效提供基础。

绩效反馈，作为绩效管理过程的重要环节，主要是通过绩效面谈这一方式，来实现考核者与被考核者之间的沟通，就被考核者在考核周期的绩效情况进行反馈，在肯定员工绩优之处的同时，找出绩效不足的问题所在，并寻找改进方案，提升员工绩效。

5. 绩效改进（perfect）

绩效改进是绩效管理过程中的一个重要环节。许多企业实施绩效考核的目的，仅仅是为了将员工绩效考核的评估结果作为确定员工薪酬、奖惩、职位调动的依据。然而实际上，绩效管理的目的并不止于此，奖惩措施只是手段。绩效管理的最终目的应该是通过提升员工绩效，实现企业的愿景和战略目标。因此，在对绩效考核结果应用时，企业应当将员工能力素质的提升和绩效的持续改进作为根本目的。绩效改进环节是绩效管理流程中的重要一环，绩效改进的效果与整个绩效管理的效用密切相关。

绩效改进是这样一个过程：首先，要分析员工的绩效考核结果，找出员工绩效中存在的问题；其次，要针对存在的问题制定合理的绩效改进方案，并确保其能够有效地实施。绩效改进是绩效考核的后续工作，是为了帮助员工实现能力提升和绩效持续改进。一个称职的管理者不仅应当关注自身的管理职责，更应当作为员工绩效改进的推动者，指引下属取得优秀绩效。

经过上面的管理环节，就完成了一个绩效周期的循环。一个循环结束以后，又回到起点：再计划阶段。此时，绩效管理的一轮工作就基本完成了。应在本轮绩效管理的基础上进行总结，制订下一轮的绩效管理工作计划，使得绩效管理能持续进行下去，达到企业绩效再上一个台阶的目的。这些环节的整合，使绩效管理过程成为了一个完整的、封闭的环。其中，绩效计划属于前馈控制阶段，持续的绩效沟通属于过程控制阶段，而绩效考核、绩效面谈与绩效改进的实施则属于反馈控制阶段，其中，制定绩效改进计划是前馈与反馈的联结点。这三个阶段的整合，形成了一个完整的绩效管理的循环。

也只有当这个环是封闭的，绩效管理才是可靠的和可控的。同时也是不断提升和改善的保证。因为连续不断的控制才会有连续不断的反馈，连续不断的反馈才能保证连续不断的提升。

事实上，绩效管理首先是一种思想，一种通过动态地、持续地控制来提升效率、

改善行为的思想。绩效管理更是一种方法，一种通过把握目的、明确目标、有效执行
来实现战略落地的方法。

第三节 薪酬管理

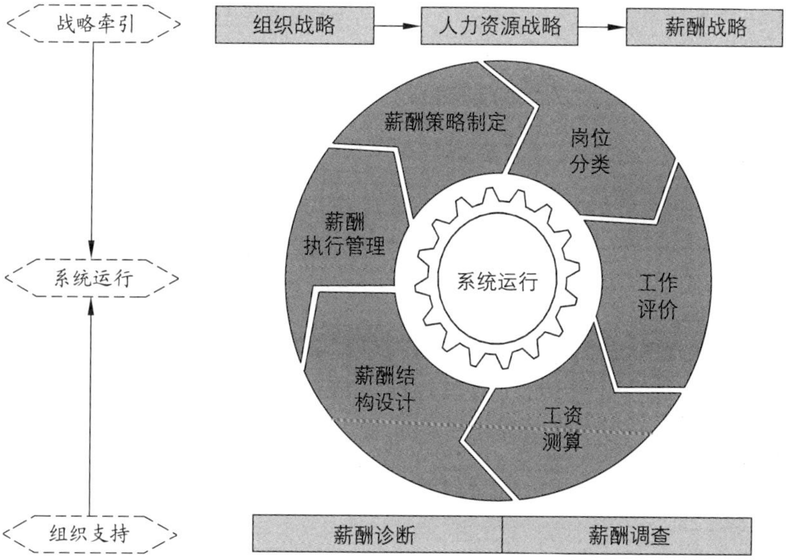

图 4-4 薪酬管理系统平台三要素模型

一、战略牵引

战略牵引，是薪酬管理体系设计的整体指导思想（即组织战略驱动人力资源战略，
进而驱动薪酬战略的思想）。战略具备对薪酬管理系统的牵引力，拉动其实现符合战略
的目标，而制约与其相背离的薪酬系统。它是薪酬管理的方向和方法的集合。

薪酬管理的八大思考：

（1）人是企业资源中最有价值的，也是最不容易满足的。

（2）薪酬管理不仅要体现人的价值，更重要的是符合企业的利益。

（3）企业的目标，企业对劳动力的支付能力，政府法规的限制要求，决定了薪酬
管理的实施策略。

（4）建立薪酬管理体系必须考虑企业内外因素的影响。

（5）薪酬调查是确定企业薪酬水平的重要手段。

（6）选择不同的薪酬体系体现了企业对人的价值的基本看法。

（7）应用工作评价的方法确定薪酬体系是一项复杂的技术操作，同时也是非常有
效的。

（8）员工的收益是通过多种形式体现的，其中，奖励和福利计划尤为重要。

二、组织支持

组织支持，即薪酬管理系统运行的一些基础工具。运用这些基本工具（包括薪酬状况诊断、薪酬调查等），来对薪酬管理的企业现状和市场状况进行把握，从而开始探讨薪酬管理系统平台的运行。

企业薪酬状况诊断是指通过问卷调查和访谈等形式，了解和分析薪酬体系方面存在问题的过程。薪酬诊断的目的是在于对企业现行的考核薪酬制度做出总体判断，发现公司经营活动中薪酬体系设计和薪酬管理中存在的问题，针对性地找出切合实际的调整方向，进而提出完整的薪酬制度优化设计方案。需要说明的是，我们认为，对于薪酬制度的诊断往往也涉及对绩效考核现状的诊断，因为薪酬制度是对绩效考核结果的重要应用，同时公平合理的绩效考核是薪酬支付合理的前提保障。

薪酬调查是采集、分析竞争对手所支付薪酬水平的系统过程，通过调查企业界定的相关劳动力市场薪酬水平并对结果进行分析和应用，可以达到调整薪酬水平、优化薪酬结构、完善薪酬策略的目的。

三、系统运行

1. 综合考虑内外部因素，制定基于企业战略的薪酬管理策略

基于战略的薪酬策略制定方法的基本步骤是：

（1）进行环境分析，了解企业所处的内外环境的现状和发展趋势，评价文化和价值观、全球化竞争、社会环境、政治环境、经济形式、员工需求和其他人力资源制度等因素对薪酬的影响，它是薪酬设计的前提和基础；

（2）进行企业薪酬策略体系分析，探讨薪酬管理策略需要考察哪些不同方面，这些决策包括薪酬目标、薪酬水平、薪酬结构、薪酬组合和薪酬行政管理；

（3）在对组织环境进行系统分析的基础上，探讨不同层次的组织战略如何逐层牵引薪酬战略并影响企业薪酬策略的制定，从而使薪酬决策与组织战略和环境相适应。

2. 岗位分类

岗位分类是工作分析的一种简化，一般的工作分析是一项复杂和繁琐的技术操作，往往需要投入大量的资金和精力，但有时候并不符合企业的实际情况。按照本书所述的薪酬体系设计和薪酬管理的基本思想，只需在企业现有的包含职位基本信息、工作环境、任职资格等内容的职位说明书的基础上，对企业现有的职位类型进行种类划分，然后按照这几大类设计基本的薪酬体系，从而简化了程序，提高工作的有效性，一般适合职位说明书清楚明确、工作对象比较固定的企业。本书介绍的是一种典型的分类

方法，将所用岗位分为年薪制人员、等级制人员、销售人员、研发人员和生产人员五大类别。

3. 工作评价

工作评价就是根据工作分析（或者岗位分类和现有的职位说明书），在获取相关职位信息的基础上，对不同职位工作的难易程度、职权大小、任职资格高低、工作环境的优劣、创造价值的多少等进行比较，确定其相对价值，最终使特定职位的相对价值得以公示，体现了薪酬分配的公平性原则，另外还可以确定不同岗位的等级及其地位作用，形成组织职位结构。常用的职位评价的方法有：配对比较法（适用于年薪制薪酬体系）、因素评价法（适用于等级制薪酬体系）、工作排列法、职位分类法，因素比较法等。

4. 工资测算

当工作评价形成了职位等级序列表之后，接下来的任务就是给每一个岗位等级"定价"的问题，即标明从事某个岗位等级中某个岗位的工作，其岗位价值是多少？本环节将分别介绍针对五个典型薪酬体系的工资测算方法。

5. 制定分层分类的薪酬结构

由于组织中的各类人员在其职位重要性、工作性质、绩效结果的衡量难度等方面不同，因此需要对不同类型员工采取不同的薪酬体系设计。本部分在根据战略确定薪酬策略，通过岗位分类、工作评价和工资测算确定每一个岗位类别和等级的工资总额的基础上，分别对年薪制人员薪酬体系、等级制人员薪酬体系、销售人员薪酬体系、研发人员薪酬体系和生产计件人员的工资结构进行有针对性的具体设计。

6. 形成制度范本

设计好分层分类的薪酬体系后，需要通过制度化的范本将薪酬制度固定和公示，从而将企业的薪酬理念、薪酬结构系统化、规范化和制度化，规范管理程序，明确权责分配，使企业薪酬管理在执行时能够有法可依，达到增强员工安全感、提高薪酬管理有效性和避免薪资纠纷的目的。制度范本拟定过程中要遵循民主化、规范化、结合实际等原则。

7. 员工福利管理

由于在企业提供的全面薪酬体系中，福利已成为越来越重要的组成部分，因此本书在流程主线的基础上，将福利管理部分单独作为一部分进行探讨，旨在强调福利管理，尤其是强调弹性福利计划这一福利实施机制的重要性。第五章将首先介绍福利给付的总原则和弹性福利计划的内涵和实施要点，然后分别介绍各种法定福利项目和企业福利项目，供企业根据自身实际情况进行选择和操作。

8. 薪酬的执行管理

薪酬体系的形成和薪酬管理的过程，需要有一些配套的执行管理，包括事前的薪酬预算、贯穿整个薪酬过程中的薪酬成本控制和薪酬沟通。企业通过薪酬预算和薪酬成本控制很好地把握成本开支方面的权衡取舍，同时又通过薪酬沟通使企业制定的薪酬制度能够得到员工的高度认同，从而有效地通过薪酬管理来影响员工的行为，保证企业所有者的利益最大化目标得以实现。

第四节　培训与开发

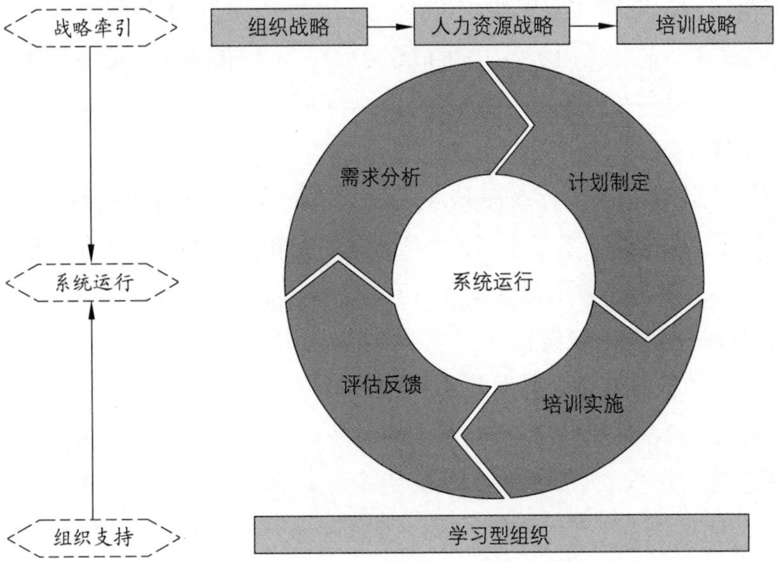

图 4-5　培训开发系统平台三要素模型

一、战略牵引

对于培训管理，从认识上看，我们首先要了解以下五点：
➤ 培训是要求，不是需求；
➤ 培训是能做的，不是想做的；
➤ 培训是行为规范，不是价值观；
➤ 培训是方法，不是管理能力；
➤ 培训是得到什么，不是做了什么；

培训战略作为人力资源战略的一部分，支持组织战略的实现。培训管理战略可以分为两大类，一是前瞻性导向，即以组织未来规划为导向，培训组织"未来"需要的人才；二是解决问题导向，即以组织现在的需求为导向，培训组织"现在"需要的人才。

二、组织支持

　　培训管理在组织中是一个螺旋式上升的闭环。那么，培训管理的最终目标是什么，或者说，培训管理到底是为了什么而存在呢？

　　组织得以存在和延续的基础是核心竞争力。那么培训如何转化为核心竞争力呢？首先，培训需要把个人的能力组织化，即把个人所掌握的能力转化为标准化的流程和方法，然后通过培训在组织内部普及，使之成为组织的能力。其次，培训需要营造一种氛围和环境，一种外部的经验能够迅速被内化的环境，即有了什么新的技术或方法，能够迅速被组织内部所识别，并转化为可以复制的标准化课程。

　　等培训的这些功能都实现之后，这时组织具有强大的学习能力，这就是学习型的组织。学习型组织不存在单一的模型，它是关于组织的概念和雇员作用的一种态度或理念，是用一种新的思维方式对组织的思考。在学习型组织中，每个人都要参与识别和解决问题，使组织能够进行不断的尝试，改善和提高它的能力。学习型组织的基本价值在于解决问题，与之相对的传统组织设计的着眼点是效率。在学习型组织内，雇员参加问题的识别，这意味着要懂得顾客的需要。雇员还要解决问题，这意味着要以一种独特的方式将一切综合起来考虑以满足顾客的需要。组织因此通过确定新的需要并满足这些需要来提高其价值。它常常是通过新的观念和信息而不是物质的产品来实现价值的提高。

　　学习型组织的特点包括以下方面：

> 有头脑的领导；

> 新型的战略；

> 横向的结构；

> 强势的文化；

> 授权的雇员；

> 共享的信息。

　　知识经济迅速崛起，对企业提出了严峻挑战，现代人工作价值取向的转变，终身教育、可持续发展战略等当代社会主流理念对组织群体的积极渗透，为组织学习提供了理论上的支持。结合研究现状，我们提出学习型组织的内涵：

　　1. 学习型组织基础——团结、协调及和谐

　　组织学习普遍存在"学习智障"，个体自我保护心理必然造成团体成员间相互猜忌，这种所谓的"办公室政治"导致高智商个体，组织群体反而效率低下。从这个意义上说，班子的团结，组织上下协调以及群体环境的民主、和谐是构建学习型组织的基础。

　　2. 学习型组织核心——在组织内部建立完善的"自学习机制"

　　组织成员在工作中学习，在学习中工作，学习成为工作新的形式。

3. 学习型组织精神——学习、思考和创新

此处学习是团体学习、全员学习，思考是系统、非线性的思考，创新是观念、制度、方法及管理等多方面的更新。

4. 学习型组织的关键特征——系统思考

只有站在系统的角度认识系统，认识系统的环境，才能避免陷入系统动力的旋涡。

5. 组织学习的基础——团队学习

团队是现代组织中学习的基本单位。许多组织不乏组织现状、前景的热烈辩论，但团队学习依靠的是深度会谈，而不是辩论。深度会谈是一个团队的所有成员，提出心中的假设，真正进入一起思考的能力。深度会谈的目的是一起思考，得出比个人思考更正确、更好的结论，而辩论是每个人都试图用自己的观点说服别人同意的过程。

三、系统运行

培训需求分析是培训工作的第一步，也是最重要的一步。在培训需求分析的基础上，培训管理者才能制定培训计划并组织实施，才有对每个培训项目效果评估的科学依据和标准。培训需求分析的科学性，直接决定培训内容、培训方法和考核标准设计的科学性和客观性。只有培训需求分析过程科学、合理和准确，才可以保证培训项目的质量和效果。

培训管理的第二步是培训计划的制定。培训计划是指导培训操作最具体、最详细的计划性文件。制定培训计划的过程也是企业的培训主管（或组织者）理顺思路、系统思考如何组织培训活动的过程。

计划制定之后是培训的实施。培训实施过程是决定培训效果的直接影响因素，无论培训计划多么完善，必须能够付诸实践才能取得想要的效果。对于企业内部实施的培训来说，建立一支高水准的培训师队伍必不可少；对于实施培训外包的企业来说，如何选择名副其实的培训服务机构和培训师是首要问题。

培训管理的最后一步是培训效果评估。培训效果评估是一个运用科学的理论、方法和程序，从培训项目中收集数据，并将其与整个组织的需求和目标联系起来，以确定培训项目的优势、价值和质量的过程。一般说来，这个过程包括以下三个部分：作出评估决定、实施培训评估和培训效果转化。

第五章
八大企业家修养

——企业家自身的人力资源管理

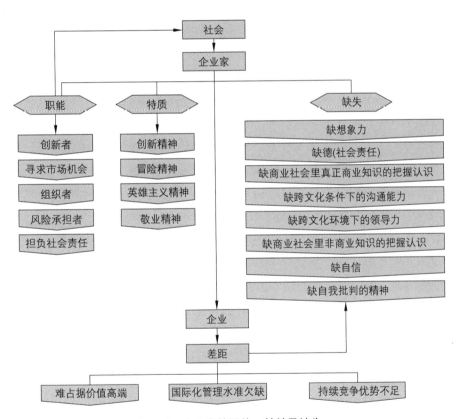

图5-1 企业家的职能、精神及缺失

　　企业家——"entrepreneur"一词是从法语中来的，其原意是指"冒险事业的经营者或组织者"。企业家作为推动社会与经济发展的重要群体，具有其特有的精神。自第二次世界大战以来，社会科学研究者们都极为重视研究经济增长过程，很多学者都试图对经济增长的内部机制作出剖析，近二三十年来，探索过这个复杂经济现象的经济史学家们都倾向于接受 T. S. 阿什顿的观点，即突出强调企业家的作用。社会的高度决定了企业家的高度，企业家的高度又决定了整个企业的高度。山有多高，水有多深，山就是企业家。创新是企业家的标志和特有的工具。企业家所从事的工作就是"创造性破坏"，由创新的企业家所引发的动态失衡是健康经济的常态。德鲁克曾经说过："企业家就是那些愿意过不舒服日子，或者说不愿意过舒服日子的人。"在全球化浪潮席卷的当今世界，中国企业和中国企业家何去何从，也是一个值得深入思考的问题。

第一节 经济发展支柱——企业家在经济社会发展中的功能

随着企业家在经济发展中的重要作用不断为人们所认识，促进企业家队伍的发展成为每个国家经济政策中的重要问题。企业家的职能也越来越为人们所关注。

一、企业家的定义

企业家一词最早见于 16 世纪的法语文献。当时主要指武装探险队的领导，包括远航海外开拓殖民事业的冒险家。后来也用来指承包政府工程如碉堡、桥梁和港口等的营造商。当时认为，企业家主要承担了市场上买价和卖价波动的风险。从 19 世纪初起，随着工业革命的兴起，工厂主取代了贵族和商业资本家，登上了历史舞台，企业家扮演了越来越重要的角色。当时法国经济学家萨伊在其著作《政治经济学概论》和《政治经济学问答录》中第一次明确提出，企业家的职能是组织劳动、资本、土地各项生产要素实施生产。他对企业家精神作了如下的描述：具有判断能力，坚忍不拔，掌握监督、指挥和管理的技巧以及拥有丰富的工商业和社会知识。法国早期经济学家萨伊认为，企业家是冒险家，是把土地、劳动、资本这三个生产要素结合在一起进行活动的第四个生产要素，他承担着可能破产的风险。

英国经济学家马歇尔认为，企业家是以自己的创新力、洞察力和统率力，发现和消除市场的不平衡性，创造交易机会和效用，给生产过程指出方向，使生产要素组织化的人。美国经济学家熊彼特认为，企业家是不断在经济结构内部进行"革命突变"，对旧的生产方式进行"创造性破坏"，实现生产要素重新组合的人。管理学家德鲁克也认为，企业家是革新者，是勇于承担风险、有目的地寻找革新源泉、善于捕捉变化、并把变化作为可供开发利用机会的人。

以上表述可看出企业家的一些本质特征：冒险家，创新者。因此，我们不妨将企业家定义为：企业家是担负着对土地、资本、劳动力等生产要素进行有效组织和管理、富有冒险和创新精神的高级管理人才。企业家与一般厂长、经理等经营者的不同，主要表现在企业家敢于冒险，善于创新。企业家是经济学上的概念，企业家代表一种素质，而不是一种职务。对于企业家（entrepreneur）以及企业家精神（entrepreneurship）的定义，在经济学界中迄今没有达成共识。但是研究企业家的学者一般都同意，企业家是一个表示理想形态（idea type）的名词，而不是一个可以不断适用于某一人物的名词。学术考察发现，在经济史与经济学史的并行发展过程中，企业家的理论含义与实际类型是一致的，是各个时代最稀缺要素的所有者与投资者。

二、企业家的社会作用

从亚当·斯密开始，经济学家就着眼于说明财富增长的源泉，认为，一国的经济增长决定于两个因素：一是劳动人口比例的增长，二是劳动生产率的提高，而二者又主要取决于资本积累。以马尔萨斯和李嘉图为代表的古典学派，则把增长的要素分为三类：劳动、土地和资本。他们认为，土地是不可再生的自然资源，因此，决定增长的只是劳动和资本的积累。近二三十年来，由于统计分析在经济学中的应用，技术进步这一长久为人忽略的因素，被引入了生产函数。就这样，经济学经过了二百多年的探索，终于从理论上和经验上确证了经济增长的两个主要因素是资本积累和技术进步（准确地说是三个因素：资本、劳动和技术）。

有些学者更进一步把主要靠资本积累的增长称之为外延式增长，而把靠技术进步的增长，称之为内涵式增长。

但是，传统的经济学理论家们注意的只是促成增长的因素本身，却很少研究隐藏在增长要素背后的原动力是什么。那么，究竟什么是隐藏在增长要素背后的主体呢？熊彼特第一次从理论上回答了这个问题。他认为，这个国王就是企业家。正是企业家把要素组织起来进行生产，并通过不断创新改变其组合方式才带来了经济增长。西方学者普遍认为，熊彼特的见解抓住了增长原因的本质方面。有些学者更通过对日英美等国的增长进行研究得出结论说，资本的形成不过是增长的诱发因素，而企业家的创新才是增长的自发因素；进步的步伐在不同国家的差异与其说是由于自然资源导致的，不如说是由于经济体制和人民中企业家资源丰富程度的差异导致的。

以此来看发达国家的经济增长史，固然是一部充满泪水和血腥的资本剥削史，但同时也是一部企业家的创业史。如果说第一次产业革命标志着现代社会的"起飞"，企业家就是"起飞"的发动机；英国最早形成了企业家集团，也就最早开始"起飞"。资本主义经济是从最初的纺织、煤炭、铁路开始到电力、钢铁、石油、汽车、合成化工、电子等新产业的相继出现而发达起来的，而这些新兴产业的发达正是依靠企业家冒险而合理的行动才得以实现的。不错，产业革命的技术基础来自科学家、发明家，但它的真正实现无疑应归功于企业家。阿克赖特不是发明家，但他却是近代工业的真正创始人；威尔金森也不是发明家，但他却是钢铁工业的真正奠基人；瓦特被称为"工业革命之父"，但如果没有罗巴克和博尔顿的资助，他的成就也无法发扬光大。正因为如此，有些经济上实力雄厚的国家并不一定是发明家最多的国家，日本就是一个典型的例子。指南针、造纸术、印刷术、火药发明于中国，为什么却在西方国家开花结果呢？科学技术史和经济增长史的不一致可以从这里得到说明。

历史总是从正反两个方面给人以启示。第二次世界大战后，许多新独立的发展中国家渴求经济增长，它们按照发达国家经济学者和技术专家的教导，从发达国家借来了资本，也引进了先进设备，以为这样就可以"起飞"了，但在纽约称得上是最优秀的投资项目，在安卡拉或仰光却可能一败涂地，在底特律是最新式的机器设备，搬到开罗往往成了一堆废铁。之所以如此，原因很多，但其中一个重要原因，则是在这些国度里，缺乏一批勇于创新、能够对消费者的需求做出敏感反应、并能按照风险大小和报酬的高低做出决策的企业家。

三、企业家的职能

1. 创新者——不创新，毋宁死

经济发展的本质就在于创新，企业家的基本职能就是创新。熊彼特认为，所谓创新，就是建立一种新的生产函数，即对生产要素和生产条件进行"新组合"。它包括五个方面：

（1）引进新产品；

（2）引进新的生产方式；

（3）开辟新市场；

（4）控制原材料的新供应来源；

（5）实现企业新的组织。

这五种创新活动可以归纳为三大类：技术创新（1—2），市场创新（3—4），管理创新（5）。有些学者认为，这三类创新在不同企业和不同时期其重要性是不同的。一般来说，随着企业由小到大，创新的重心就由技术转向管理（大企业是"三分技术七分管理"）；随着产业的成熟（市场饱和），市场创新就更为重要。

创新作为企业家的基本职能，是由企业所处的社会条件决定的。企业家是商品经济特有的产物。商品经济本质上是一种竞争经济。竞争的基本法则是"新胜旧败"。一个企业要在竞争的旋涡中立于不败之地，就必须创新，否则，它就会被别的企业所取代，被竞争的潮流所淘汰。创新能力决定竞争能力。日本为什么能从瑞士手中夺得钟表工业的王冠？又为什么能在汽车战中击败美国？正是由于日本企业家的创新。因此，有些学者把战后日本经济的高速增长，概括为技术创新和经营创新同时并进。相反，曾经号称"世界工厂"的英国在资本主义世界中的地位每况愈下，正是由于英国企业家创新精神的衰退。

应该看到，资本主义的固有矛盾，给资本主义社会中企业家的创新活动带来重重限制和障碍。在这方面，社会主义社会有着无可比拟的优越性。但是旧的经济体制使企业成为国家行政机关的附属物，只事生产，不问经营，严重束缚了企业家创新职能的发挥。一位国际友人说："中国的企业是没有企业家的企业。"语虽刺耳，也并不完全符合事实，但却值得我们深刻反省。我国的企业领导人有多少真正实现了创新的职能呢？在当前经济改革的特殊历史时期里，我国的社会主义企业家所面临的，不仅仅是技术创新、管理创新和市场创新，更重要的是进行制度创新。所谓制度创新，就是冲破陈旧体制的束缚，在体制上实现破旧立新。

2. 寻求市场机会——发现不均衡

企业创造的价值必须在市场中才能得以实现。因此，企业作为市场经济的主体，自然要关注市场、开拓市场，从而起到自发地调节市场结构和类型的作用。企业家的职责便是充分利用市场中已发生作用的领域和尚未发生作用的领域，以寻求市场机会。因此，企业家必须积极冒险，不怕失败，才能取得开拓市场机会的动力。

更一般地讲，发现市场机会，就是寻求市场中潜在的不均衡。企业家的活动是以盈利为目的，以市场为舞台的。市场本质上是一个不均衡的体系，盈利机会正蕴藏在这种不均衡中。善于辨识出市场中潜在的、尚未被别人发现的盈利机会，并灵活充分地利用这一机会，乃是企业家成功的关键所在。从这个意义上讲，企业家是聪明的"投机商"。

市场的不均衡，表现为供给和需求的不均衡，投入和产出的不均衡，买者和卖者的不均衡。企业家的职责在于敏锐地发现供给结构和需求结构处于怎样的不协调状态，何种需求没有得到满足，哪里还有未开发的市场，在哪个领域投资前途广大，提供什么样的创新产品最能令消费者满意，向什么样的厂家购进原料最划算，以何种方式将生产要素组合起来能使成本最低，使用什么样的技术设备最有效率。作为生产者，企业家介于资源市场和产品市场的连接点上，他的任务便是要把要素转化为产品、投入转化为产出。如果资源市场上存在着未被利用的闲置资源（即资源处于"失业"状态），而产品市场上又存在着未被满足的需求，这里必有盈利赚钱的机会。

因此，企业家的根本职能之一即是发现机会，这是企业家经营活动的出发点。从这个意义上说，前面谈到的企业家的创新职能和后面的组织职能都是以发现机会为前提的。

3. 组织者——整合各种资源

企业家发现机会，之后便是如何利用机会。因此，企业家基本的职责之一是将各种生产要素组织起来使它们相互发生作用，实现价值的转移和新价值的创造。在这个投入产出的过程中，企业家首先要考虑如何将这些生产要素进行有效地组合以尽可能地发挥它们的效用；其次，提供相应的条件，创造适宜的环境确保这一过程的顺利进行。

回顾过去，我们可以看到企业家作为组织者所发挥的重要作用。当企业家运用资本对自然资源进行大量的开发利用后，便构成了以汽车、钢铁、建筑、交通运输等为支柱产业的工业经济；到了20世纪末，当企业家把重点从对自然资源的大量耗费转移到注重对智力资源、信息资源的开发利用上，全球也就开始踏上了从工业经济迈向知识经济的道路。各式各样现有的或潜在的资源如果没有人将它们组织推动起来，人类是不可能享受像今天这么多的产品和服务的；同时，社会经济的进步也正是在这些组织者的作用下，各种资源在生产中所占的比重发生了变化而导致的结果。

从图5-2可以看出，生产要素（资本、劳动力、资源、技术）是生产的前提条件，没有生产要素的存在，生产是无法进行的。但生产要素本身并非现实的生产力，生产要素要转变为生产力，首先必须要把它们按照一定的结构组织起来。所谓组织，就是建立要素投入和产品产出之间的一种函数关系，而建立这种函数关系，便是企业家的基本职能。

图5-2 企业家的组织作用

4. 风险承担者

所谓风险，是指由于经济活动的不确定性或各种事先无法预料的因素的影响，企业有蒙受经济损失的机会和可能性。换言之，企业在经营活动中的各种耗费有可能无法实现或无法全部实现，从而使商品生产的实际收益与预期收益发生背离。这种经济活动中的风险是客观存在的。问题在于，承担风险为何也是企业家的一大功能呢？这是由企业家创新过程的本身所具有的不确定性的特征所决定的：第一，将各种生产要素组合起来从事生产的企业家行为总是先于消费者的需求行为，这就意味着企业家须对消费者的需求、商品的价格、竞争者的行为等情况做出估计，但这种估计对于将来出现的情况而言总是不确定的，正是由这一不确定性产生了风险。第二，从这层意义上说，一个人如果处处循规蹈矩，谨小慎微，不敢承担风险，就不会有所创新，也就不可能成为一个企业家。

5. 树立良好的社会形象——担负社会责任

就企业行为的输出方面而言，企业家通过企业的经营活动将所付出的努力最有效地用来满足人们的需求和欲望，即把各种物质资源和人力资源组织起来经过生产转化为对社会有用的产品和服务。一方面来说，企业分类不同，行业不同，但企业家的社会责任相同。一个优秀的企业家首要的社会责任就是管理好企业。因为只有良好的管理，才能使企业得以持续、长足的发展，而只有企业的充分发展，才能为企业家承担更多社会责任提供实力。企业家同时要确保使各种商品最终能转到最需要的需求者手中。但企业行为如果仅仅以盈利为核心，其领导者是不尽责的。优秀企业家所在的企业，往往能够在提高人们生活水平、推动社会全面进步方面扮演重要的角色。企业最根本的目的虽是为了盈利，但作为掌舵人的企业家却一定要把握好企业的行为，确保企业的盈利增加了社会财富而不是建立在损坏他人利益的基础上。

　　企业家的社会责任是企业家的哲学思考，也是社会共同关注的议题。有调查显示，在接受调查的4586位企业家中，95.8%的企业家认同"优秀企业家一定具有强烈的社会责任感"这一说法，可见企业家对自身的社会责任有着明确的认识。

　　其实，企业家要承担的社会责任很多，例如合理合法盈利、解决就业问题、依法纳税、开展公益事业等，都是企业应该承担的基本社会责任。企业家的社会责任一直是近年来的一个热门话题，许多企业家对此都有自己的认识，比如阿里巴巴集团CEO马云就认为，"社会责任不是一个空的概念，也不单纯局限于慈善、捐款，而是与企业的价值观、用人机制、商业模式等息息相关。让员工快乐工作成长，让用户得到满意服务，让社会感觉到存在的价值，这是阿里巴巴的社会责任所在，至于赚钱和社会回报，那是水到渠成的事"。

　　正如全球CEO聚首的世界经济论坛的说法，要想当好优秀企业家并不容易，第一要遵守法律、商业原则及道德准则等，第二要为员工提供公平的就业机会和薪酬等，第三要维护环境质量，使用清洁能源，第四要对社会和经济福利做贡献。企业家正是因为有为社会创造机会的能力、能够满足人们的基本劳动权利、有战略头脑经营企业并以此为根基承担社会责任，才能得到社会的广泛尊重。

第二节　做企业的情结——看企业家精神

　　把企业家与一般民众区别开来的首先是他们的特质。更通俗地来说，我们可以把这些特质叫做"企业家精神"。"企业家精神"指企业家组织建立和经营管理企业的综合才能，它是一种重要而特殊的无形生产要素。那些成功的企业家，无论具体性格如何，都具有某些相同的精神特征。靠着这些特质，企业家首先把自己从爱安逸和习惯于安乐的人群中拖出来，把自己铸成破坏旧秩序、旧束缚、旧限制和重建新生活的巨大力量，有了这种力量，整个世界的面貌才得到彻底改观。研究发现，企业家精神与企业的综合绩效之间存在着显著的正相关关系。宏观地讲，一个国家，具有这种精神的人越多，它的企业家资源就越丰富，从而经济发展速度就越快。我们可以下一个定论，那就是：任何人，不论他继承了多少遗产，受过多么高深的教育，假使不具有这些特质，就成不了企业家。做企业的人，一般而言都有着很鲜明的特质，他们骨子里就是做企业的。

一、领导有效理论

有效理论是一种来源于管理实践的领导者理论，这种理论不注重个人素质、行为的仔细区分，而是从管理者的有效性上收集实际数据。对领导者的有效性的调查结果表现出一些明显的地域文化差别，但也有明显的通用成分。企业家作为企业的领导者，这些研究的结论也应当适用。下面列举美国和日本的有效领导观以供参考。

（一）美国人的有效领导观

（1）劳伦斯·格利纳（Lawrance Graner）在哈佛商学院通过对 300 多人进行研究，整理出了有效的领导者的十项重要特性。他们是：

① 劝告、训练与培训下属。

② 有效地与下属沟通。

③ 让下属人员知道对他们的期望。

④ 建立标准的工作要求。

⑤ 了解下属人员及他们的能力。

⑥ 给予下属参与决策的机会。

⑦ 了解企业的士气状况，并能鼓舞士气。

⑧ 不论情况好坏，都应该使下属了解真情。

⑨ 愿意改进工作方法。

⑩ 下属工作好时及时给予表扬。

（2）麦金泰公司通过对美国 37 家公认优秀企业中选出的 10 家进行调查，找到的有效的领导者的标准是：

① 善于迅速行动，能边工作边计划，边解决问题。

② 简化组织机构，防止人浮于事。

③ 重视市场研究，一切从实际出发。

④ 与基层人员经常联系，并通过各种方法激励其努力工作。

⑤ 善于授权。

⑥ 善于选择业务，发扬本公司的长处。

（3）德鲁克的领导理论。管理学家德鲁克认为领导者应具备以下素质和能力：善于处理和利用自己的时间；努力方向明确，注重贡献，善于发现别人的长处，并能用人所长；能分清工作主次，集中精力于主要工作；能听取不同意见，准确判断并果断决策。

（4）鲍莫尔的领导理论。美国普林斯顿大学鲍莫尔教授指出一个企业家应该具有十项条件才是合格的。十项条件为：合作精神、决策能力、组织能力、精于授权、善于应变、敢于求新、勇于负责、敢担风险、尊重他人、品德高尚。

（5）美国企业管理协会观点。美国企业管理协会对领导者的评判标准是：工作效率高、有主动进取精神、逻辑思维能力强、富有创造精神、有很强的判断能力、有较强的自信心、帮助别人提高工作能力、以自己的行为影响别人、善于用权、善于激发别人的积极性、善于利用谈心做工作、热情关心别人、使别人积极乐观地工作、能实行集体领导、能自我克制、能自行做出决策、客观听取各方面的意见、对自己有正确估价、勤俭艰苦，具有灵活性、具有技术方面的知识。

（二）日本企业界的观点

日本企业界认为企业家应该具备十项品德：使命感、信赖感、责任感、积极性、忠诚老实、进取心、忍耐性、公平、热情、勇气。

十项能力：思维决策能力、规划能力、判断能力、创造能力、洞察能力、劝说能力、对人理解能力、解决问题能力、培养下级能力、调动积极性能力。

二、企业家精神

企业家精神是企业家心智的体现。综合企业家研究，企业家精神主要表现在以下四个方面：

（一）创新精神

创新是企业家精神的灵魂。熊彼特关于企业家是从事"创造性破坏"（creative destruction）的创新者观点，凸显了企业家精神的实质和特征。一个企业最大的隐患，就是创新精神的消亡。一个企业，要么增值，要么就是在人力资源上报废。创新必须成为企业家的本能。但创新不是"天才的闪烁"，而是企业家艰苦工作的结果。创新是企业家活动的典型特征，从产品创新到技术创新、市场创新、组织形式创新等等。创新精神的实质是"做不同的事，而不是将已经做过的事做得更好一些"。

《孙子兵法》中讲道："同，不足以相胜也，故以异为奇。"意即若不能超凡脱俗而只是类同别人，就不足以制胜。创新是发生根本性改变和令竞争对手措手不及的杀手锏。成功的企业家应具有强烈的创新精神、创新意识与创新能力，对市场变化具有灵敏的触觉，对经济生活高度敏感，能看到潜在利润，有永不满足的经济冲动，让企业保持持久动力。

所以，具有创新精神的企业家更像一名充满激情的艺术家。创新精神，乃企业家生命之根本。

（二）冒险精神

所谓冒险精神，即能够积极响应挑战，具有战胜困难的自信心以及即使在失败概率很大的情况下也积极寻找或拓展机会的意愿。企业家的冒险精神主要表现在：企业战略的制定与实施上；企业生产能力的扩张和缩小上；新技术的开发与运用上；新市场的开辟和领土上；生产品种的增加和淘汰上以及产品价格的提高或降低上。

把企业家称为"冒险家"，实在是再形象不过了。企业家的行为，就是冒险家的行为；企业家的一生，就是冒险家的一生。想常人之不敢想，干常人之不敢干，才有可能创造出一个成功的企业。对一个企业和企业家来说，不敢冒险才是最大的风险。彼得·德鲁克认为："企业管理的核心内容，是企业家在经济上的冒险行为，企业就是企业家工作的组织。"冒险精神作为企业家的基本素质之一，不仅是一种顽强的意志，更是一种高超的能力。企业家的冒险绝不是赌徒式的孤注一掷，而是以全面掌握有关事业的知识和谨慎周密的判断为基础，比他人抢先得到获得利益的机会。

（三）英雄主义精神

所谓企业家的英雄主义精神，指的是企业家征服世界的气概。熊彼特把企业家精神比作中世纪的骑士道精神，马歇尔用"经济骑士道"来象征企业家，描绘的正是企业家的这种英雄气概。

美国著名企业家 J. P. 摩根曾这样写道："我的工作比当国王、教皇或者总统要有意思得多，没有谁会让我辞职，我也无须向任何原则妥协。"这句话典型地道出了企业家的英雄主义精神。柳传志也说过，大企业家都是英雄主义者。

能够做企业的人都是有梦的人，是有情结的人。一个人一旦选择了成为企业家，也就选择了一条不归路。在这条路上，只有那些有着英雄主义精神的人可以不懈地走下去，最终到达目的地，达到成功。

（四）敬业精神

马克斯·韦伯在《新教伦理与资本主义精神》中写道："这种需要人们不停地工作的事业，成为他们生活中不可或缺的组成部分。事实上，这是唯一可能的动机。但与此同时，从个人幸福的观点来看，它表述了这类生活是如此的不合理：在生活中，一个人为了他的事业才生存，而不是为了他的生存才经营事业。"那些具有真正"资本主义精神"的企业家，对利润的狂热甚至超越了对身家性命的追求。这样的人表现出来的敬业精神，可以将做企业过程中的每一件事都当做"神诏"来追求。

对于企业家来说，心态往往决定成败。可以这么说，一个产业、一种新技术的发展，需要的正是这种精神。这里的"道"就是追求和崇敬自己的事业，关注于对社会的贡献，企业家应该具备这种境界。实际上只要具备这种境界，回报也就自然而来。

企业家的敬业精神至少应该体现在三个方面：一是忧患意识，二是奉献精神，三是拼搏精神和实干精神。具有敬业精神的企业家，不仅关心本企业的生存与发展，而且自觉地将个人命运、企业兴衰与社会、与时代的发展相结合，对国家与民族的振兴有强烈使命感，有服务于社会、造福于人民的心愿和行动；企业家不可避免地会遭受各种挫折和失败，百折不挠的拼搏精神和吃苦耐劳的实干精神，是他们必备的精神品质。

敬业精神是企业家必备的精神品质，也是构成企业家精神的重要支柱之一。货币只是成功的标志之一，对事业的忠诚和责任，才是企业家的"顶峰体验"和不竭动力。对于真正的企业家而言，敬业绝非一种此世的态度，而是一种超脱此生的忘我精神。

总的来说，对企业家特质的研究可分为微观、中观和宏观三个层次。作为一种实用的进取精神，个体层次的企业家特质研究旨在启发个体自觉地学习这种精神，进而使之成为激发个体创业的精神支柱。组织层次的企业家特质研究旨在启发和指导企业组织自觉地创建具有企业家特质的企业文化和制度，进而使之成为指导企业可持续快速发展的精神力量。而社会层次的企业家特质研究则旨在引导社区、国家创建具有企业家精神特征的文化，使企业家精神成为推动社会经济增长的动力，以最大限度地激发整个社会的创新创业热情。因此，对于企业家特质和企业家精神的研究对于企业乃至整个社会来说，都有着十分重要的意义。

第三节 修身以平天下——由企业差距看企业家缺失

一、企业家与企业核心竞争力

（一）企业家精神是企业核心竞争力的重要来源

德鲁克认为："所谓公司的核心竞争力，就是指能做别人根本不能做的事，能在逆境中求得生存和发展，能将市场、客户的价值与制造商、供应商融为一体的特殊能力。"可见，企业核心竞争力从某种意义上讲，是企业家精神的一个反映或扩展，它体现的正是企业的创造与冒险，体现的正是企业的合作与进取。企业家精神对企业核心竞争力的巨大作用在一些具有远见卓识和非凡魄力与能力的企业家那里得到集中体现。美国微软公司的软件技术及其开发能力和辉煌业绩令世人瞩目，很大程度上归功于其总裁比尔·盖茨卓越的组织领导，盖茨也理所当然地成为美国青年心目中崇拜的时代英雄。

企业家在企业中的独特地位，决定了企业的核心价值观必然受其重要影响，决定了企业的组织创新、管理创新、价值创新等冒险活动只能由企业家自身承担。它同时也决定了企业的经营发展的兴衰成败，从而也就决定了企业核心竞争力能否形成。因此可以说，企业家在其精神的鼓励下对企业核心竞争力起着关键性保障作用，企业家精神通过企业家自身保障了企业核心竞争力的培育与提升。

无数企业以亲身实践论证了企业家精神对企业的重大意义。证实了企业家精神是企业核心竞争力的唯一真实来源。最典型的例子是日本，这个曾经的经济强国、美国曾经最大的竞争对手，他们依靠大和民族无与伦比的钢铁意志和坚忍不拔的精神，培育出核心竞争力，成为世界的经济巨人，在步入经济低谷的逆境中，韬光养晦，等待转机。靠精神凝聚起来的企业人，才可能不折不扣、坚定不移地执行企业的每一个决策。依靠企业理念与企业家精神，不但构成企业的内在发展动力，更成为企业的外部发展机遇。企业家的执着事业心、不停息的创新精神和模范合作精神通过其传递机制，发扬光大，最终缔造出企业的核心竞争力。

（二）保护企业家精神对企业竞争力提升的作用

企业家精神是企业核心竞争力的主导来源之一，一个活跃的市场、土地、劳动者、资本等要素只有在具有企业家精神的人手中，才能在复杂多变的竞争环境中发展壮大起来，才会真正成为财富的源泉。企业家精神产生巨大作用在我们周围随处可见：一个企业带动了一个城市的发展，一个经理人员的更换使得企业避免倒闭的命运。在我国，浙商的成功就是一个典型例子。著名经济学家吴敬琏称道：浙江是一个具有炽烈企业家精神的地方。浙商的创业欲望和创业能力，就是一种资源和竞争力。他们每到一地，带去的是实干聪明的企业家精神，留下的是为当地创造的就业和税收，更重要的是他们的观念和思路，是一颗颗启蒙的种子，这是浙商对全国人民的贡献。

二、中国企业的差距在哪里？

2004 年，联想收购 IBM PC，成为世界第三大 PC 制造商。这个被柳传志称之为"冲天之举"的并购，尽管被《华尔街日报》评论为"中国公司进行全球并购以及融入全球市场的一座里程碑"，却一直饱受业界质疑：近年来失误频频的联想是否有足够的能力消化 IBM 即买来的世界第三的位置？是否能够承载联想由一个区域性企业一举成为世界级企业的全部梦想？

这个担心确实很有必要。我们需要对中国企业在多元化道路受挫后，高举国际化大旗的举动保持足够的警惕。因为现在中国企业的这种国际化冲动，与当年一窝蜂期望通过多元化的手段成为世界 500 强的豪迈有着太多的相似之处。中国企业成为世界级企业的过程绝对不是走出去，或者是买回来这么简单。真正的世界级企业都会有五个共同的特征：

（1）主要业务生产规模和营业收入处于全球前列；

（2）具有全球化的品牌形象；

（3）对行业技术或商业模式的变革创新做出了显著贡献；

（4）拥有自己独特的发展战略或商业运营模式；

（5）公司员工具有非常高的职业化和专业化水平，是所有国家遵守社会规范和道德的榜样。

中国企业与国外竞争对手的差距更多地在管理上，而不是在规模上。绝对规模不是企业追求的目标，而是发展的结果。事实上，500 强名单从来不是固定不变的。看一看几十年来这个名单的变化，我们能体验到竞争的残酷和市场的无常。能够较长时间留在 500 强名单上的通常是两类企业：一类是新型、高科技、改变了行业游戏规则甚至是创造了一个新兴行业的企业（如微软、戴尔等）；另一类是在一个老行业里苦心经营、保持及加强自己地位的企业（如通用、奔驰、德意志银行）。它们共同的标志是其竞争能力的不断提高。相比之下，中国企业仍存在着以下三方面的差距：

（一）中国企业尚难占据价值高端

严格意义上说，中国迄今还没有一家具有一流竞争力的世界级跨国公司。真正意义上的跨国公司是指能在全球范围内对资源进行最佳配置的企业，而中国目前的顶级企业无论是已进入世界 500 强的中石化、中石油，还是近年来表现抢眼的海尔和华为，都还没有强大到可以在全球配置资源的程度。特别是已经进入世界 500 强的中国一汽、上海汽车以及联想等制造业企业，只是从业务结构来看具备了跨国公司的雏形，还远不是真正意义上的跨国公司。产品结构中真正自有品牌的比例不足 30%，超过 70% 还是扮演供应链制造商的角色。

在中国的产业越来越深地被纳入国际分工体系之中的今天，如果中国的一流企业没有形成自己的核心技术能力，没有自己的知识产权，没有自己的品牌，不能占据价值链中的高端环节，则这种规模意义上的一流企业依然处在低质高耗、低附加值的产业链条中，这就意味着有可能受制于人，处于被动和跟随的地位，甚至在全球经济竞争中面临被边缘化的危险。

（二）国际化管理水准仍欠缺

中国一流企业面临的另一个问题是：中国企业尚没有能力管理好跨地区、跨国、跨文化、跨民族的员工团队和企业。的确，这些企业在国内的经营已经非常优秀了，但这并不能保证其在国外也同样优秀，两者是不能进行简单评议的。这当中，经营方式和管理方面的适应性最重要。而欧美和日本等国的跨国公司在这方面已经建立了一套相当成熟的管理体系，来避免国际化过程中出现的"水土不服"问题。如它们在中国市场上取得成功的一个重要因素就是十分强调本土化，也就是中国化，摩托罗拉就一直倡导要做一个"中国好公民"，东芝也希望要把东芝（中国）建成一个扎根中国的中国企业，而不是被中国人看成是日本企业。不过这种看起来似乎十分简单的"本土化"战略真正实施起来却殊为不易，它不仅需要企业建立一套制度化的管理系统，还需要一大批具有跨国家和跨文化管理能力的全球化经理人来实施。而这种国际化的人力资源恰恰是中国目前最欠缺的。

（三）持续竞争优势不足

中国一流企业与世界级同行的差距还表现为忽视对企业持续竞争优势的打造。目前来看，中国企业最大的竞争优势在于成本低。而且这种杀伤力极强的竞争利器确实为中国企业赢得了许多"世界第一"。但是这种低成本的竞争恐怕很难为中国企业赢得持续的竞争优势。随着中国经济的不断发展，劳动力成本也在逐渐上升，中国企业不可能一直享有这种低成本优势。而中国企业的真正危机恐怕还不在于此，更在于忽视对企业持续竞争优势的培育。一个成熟的跨国公司必须重视建立与比较竞争优势相匹配的核心竞争力，也就是说既要重视巩固和发展现有的核心业务，甚至应该把已有的竞争优势发挥到极致，更要重视建立能确保自己在今后10年乃至20年的市场竞争中处于领先地位的新业务，这样企业才能在吐故纳新中保持永续发展。但就中国企业的现状来看，还没有多少企业真正把开辟前瞻性的业务作为打造持续竞争优势的头等大事来抓，不少企业往往是在现有业务已经不能支持企业发展的情况下，才开始下决心开辟前瞻性的业务；而此时他们的世界级同行恐怕早已在这些业务领域筑起了一道难以逾越的高墙。

此外，中国企业成为世界级企业，还需要做到以下几点：

（1）将自己置身于国际商业标准体系中照镜子，利用与我们有过共同背景，现在已经成功跻身于世界级企业行列的三星、索尼等作为标杆，去检验自己成为世界级企业的努力和道路是否正确；

（2）我们需要有自己的盛田昭夫和尹钟龙，要能够产生非常强势的世界级领导人才，建立和培养跨文化管理和国际化品牌运营的能力。因为我们以往在中国的成功经验在国际化经营中优势不再，今后要加快核心技术创新，提高世界级的品牌管理能力，同时把"中国制造"转变为"国际资源整合"。

三、中国企业家缺什么？

与世界级企业相比，中国企业仍存在着不小的差距。而企业家作为整个企业的核心和灵魂人物，也从根本上决定了企业的高度。山有多高，水有多深。山就是企业家。因此，企业家的修养直接关系着企业的成败。那么，中国企业家究竟缺什么？我们一直觉得自己地大物博，在发展经营的过程中洋洋自得，自以为没什么问题。但事实上，企业发展的问题就像慢性病一样，得病的过程没有感受，等到有了感受，治起来就难了。我们只有知道别人怎么失败，才能有改正和超越的可能。

（一）缺乏想象力，创新的精神是对未来的想象

"你永远不知道自己有多大能力，除非你已知道如何把你的努力和想象力结合在一起。"著名成功学家拿破仑·希尔曾这样鼓励想探究成功秘诀的人。凡是成功企业家所缔造出来的经营智慧，无不闪烁着想象力的独特魅力。

中国人做事往往以结果为导向，美国人做事往往以过程为导向。这二者的差别，可以引申为想象力的差异问题。以结果为导向，我们会先设定一件事必须达到某个非常好的结果，然后去判断达到这个结果，需要什么样的条件。而美国人可能先会判断这件事情是否有意义，这个过程是否有意义，然后再促使大家尽力去做——而这个过程本身就将是非常好的结果。这样，他们会在参与的过程中，不必顾虑预设的某种结

果，充分地展开想象。

做企业和拍电影等艺术创作一样，伟大的企业就需要保持永恒的持久的超乎寻常的想象力。但现实是，我们周围有很多企业家，包括职业经理人，恰恰在想象力方面异常贫乏。做一个项目，一件事，在我们还远没有开始做的时候，就对自己说不可以。企业家应当有广博的认知能力和视野，应当更注重企业发展创新的过程，更注重人生的过程和质量。如果一个企业家有这样的价值观，他将什么都敢想，什么都敢说，并且也将什么都敢做，人生变得轻松了，而不是我一定要成为什么，企业一定要多少年内跻身世界 500 强。

（二）缺乏承担社会责任的意识而非能力

缺乏承担社会责任的意识并非一两家企业或一两个企业家的问题，几乎所有的中国企业都存在这样的问题。纽约时报说中国企业家支持人民币汇率增加，仅仅从企业自身的利益出发。但事实上，这样的公开言论太狭隘，恰恰表现出我国企业家缺乏社会责任的意识。汇率问题不是经济问题而是政治问题，不可以仅仅从自己的角度去思考问题，而要从整个全球政治的角度去思考问题。而中国企业家对待慈善事业拒绝参与，甚至冷嘲热讽的消极态度也是这一问题的反映。

在国外，有很多企业家致力于慈善事业，且不说我们熟悉的盖茨、巴菲特等人，美国华裔企业家王嘉廉已拿出大笔资金成立国际性慈善基金，并建立"微笑列车"，帮助那些一出生就带有先天唇裂等面部缺陷的孩子。迄今为止，他的基金已经帮助八万多名中国儿童治愈了疾病，使他们脸上露出了久违的微笑。

社会的责任感是目前中国的大部分企业家所缺失的。虽然中国也有少数企业家致力于慈善事业。然而，一个显而易见的事实是：中国大部分的企业家缺乏社会良知。

问题的根本似乎也不能完全责难这些企业家，在他们看来，企业不是善堂，做慈善不应该成为企业的负担。而在国外，除却社会道德风气的影响，以及企业家的个人品格和素养，企业家们能尽社会职责、积极投身慈善事业，从某种程度来看，恐怕更重要的还是法律的作用。企业对环境和社会造成了危害，有严格的法律施以处罚；企业家投身慈善事业，不仅可以为自身和企业带来美誉，更会鼓励子孙自主创业，不要指望父母的遗产，当然也免去了遗产税的麻烦。

由此可见，用完善的法律来规范、引导当前中国企业家的行为，培养他们匮乏的对社会负责的精神，或许是对处于社会转型期的中国社会一个行之有效的方法。

（三）缺乏对商业社会里真正的商业知识把握认识

这里的商业知识中，最重要的一点就是对管理的认识——这一条对传统的依靠资源的企业来说尤为重要。在仅靠资源获取竞争力的时代里，这样的企业不会发现问题，但当真正进入商业竞争，靠市场赢得利润的时候，问题可能层出不穷。一个成功的企业应当有自己的发展战略，而随着企业的不断壮大，对于战略的把握是对商业知识把握的最深层表现。吉利的成长靠的是市场，靠的是战略，靠的是李书福的梦想——做中国老百姓买得起的车。收购沃尔沃这样的品牌，多少会让吉利的战略受到些冲击和影响。那么，如何让平民化的战略与名车接轨？其实只需要改一个字，做中国老百姓买得起的好车。莱卡相机北京店开业以后销量很好，所以向德国总公司申请价格优惠。但总公司的高层却否定了这一请求，因为莱卡的定位是身份的象征。对于战略和发展的精确把握才是专业，才是真正的商业知识。施华洛世奇总店的价格比分店更贵，因为他们懂得对商业知识和规律的把握。

（四）缺乏跨文化条件下的沟通能力

其实在很多情况下，不是大家不想沟通，只是不知道用什么方式沟通。跨文化的沟通能力会影响到我们的成长。第一代外企的员工大部分是学外语的，但现在我们渐渐发现，如果有了商业知识，语言差点其实没什么关系，只要你知道他谈的是什么，基本上两个单词之后就理解了。我们之所以强调跨文化沟通很重要，是因为我们需要跨文化条件下的领导力。对于区域性企业来说，如果要把产业扩大到全省，甚至全国、全世界，引领经济发展，可能会遇到很多困难。比如语言，可能存在沟通障碍。中国企业家现在缺乏跨文化条件下的沟通能力，使得中国企业并没有从根本上融入世界。

（五）缺乏在跨文化环境下的领导力

跨文化条件下领导力的缺失是与跨文化条件下沟通能力的缺失相对应的。事实上，恰恰是由于中国企业家缺少跨文化条件下的沟通能力，才导致了其跨文化条件下管理能力的缺失和领导力的缺失。这是扼制中国企业走向世界一流的瓶颈。

（六）缺乏对商业社会里非商业知识的把握和认识

商学院培养的是上市公司老总，而非百年老店的老总。进入 21 世纪，中国企业家在商业社会里对非商业知识的把握与认识方面的缺乏越来越严重。短期来看，中国企业家可以通过引进国外先进的管理经验并结合自身的实际情况来摸索出一条适合自己的管理之路，并在短期内创造大量的利润。但是，从长期来看，企业家若只关注于商业领域内的盈利，便失去了长远的竞争力。例如，品牌塑造是企业平衡长期利益和短期利益的体现，卓越的企业家在关注企业短期利益的同时会注重企业的长远发展。

真正成功的企业家只有通过对文化、道德等因素的把握，并在熟悉商业知识的同时，抓住非商业知识的本质，才能在长期的竞争中立于不败之地。

（七）缺乏自信

正是由于中国企业家有太多精神层面上的缺失，所以自信的缺失几乎成了一个必然的结果。进入 21 世纪，机遇与挑战并存，希望和困难同在，各种竞争十分激烈。在这个充满竞争的社会里，企业家尤其不能缺少自信，因为它是成功的基石。自信，即相信自己。许多时候，我们做事情底气不足，究其原因，往往是缺少自信。有了自信，才会想办法克服困难，迎着困难勇往直前。可见，自信是成功的精神支柱，是成功的助力器。只要用心翻翻那些成功企业家的"档案"，就会发现，每个成功者都有自己成功的不同原因，但有一点是共同的——那就是自信，用自信激励自己自爱、自强、自主、自立。没有自信绝对没有成功。

然而，中国文化和西方文化很大的区别便在于，在中国文化里处处充斥着中庸思想，讲究"谦虚使人进步"和"戒骄戒躁"。然而，西方文化里宣扬的则是"人人平等"的观念，一个人从出生接触的环境和教育方式之一便是自信。费正清在考察了传统中国人的精神状态（mentality）之后，精辟地指出：中国人不承认一个人固有的价值，人的价值是通过外界的承认来实现的。缺乏自信，不仅是中国企业家所变现出来的，也是广大国人所应当理性对待及反思的一种现象。

（八）缺乏自我批判的精神

企业就如人，有小病不看，迟早要出问题。而制度是弥补问题和提高效率的良方。如果考核制度采用问题追究责任，责任连带惩罚制度，当管理者找不到责任人的时候，大家一起受罚。任何制度改革，刀下都有"冤魂"。什么是好制度？死的人少就叫好制度。为什么中国企业家爱骂人？因为找不到责任，解决不了问题。

任正非曾经写过一篇文章，题目叫《坚持自我批判不动摇》。文章写得激动人心："我们已经听得到炮声，炮火震动着我们的心，胜利鼓舞着我们，只要坚持自我批判不动摇，我们就会从胜利走向胜利。"

我们总认为自己已经做得很好，其实还差得很远。中国企业家仍旧很缺乏自我批判的精神，这一点正在或者即将严重制约中国企业的发展，必须引起足够的重视。

反躬自问，为什么我们有些企业家不能领导大企业，而世界级的企业家却能领导几十万人的企业？一项研究表明，中国企业家对冒险意识的自我评价不高，投资高风险高回报项目的意愿不强；对挑战意识的自我评价也较低，缺乏挑战竞争对手的主动性。很多人分析中国企业家精神的缺失原因，会将其归咎于儒家文化的中庸之道，认为儒家文化不鼓励创新和承担风险，而是强调各就其位、和谐共处、过犹不及，不主张执着追寻。事实上，如前所述，任何一种文化都有其两面性和相对性。事实上，儒家文化同样鼓励探索事物的原理，以及奉献精神。中国企业家精神的缺失，更多的原因来自于体制层面，具体如下：

（1）国有大型企业缺乏企业家的选拔和成长机制，企业家的创新能力往往得不到应有的承认。国有企业经营者在企业管理中受制太多，较难充分体现企业家精神。

（2）公司治理制度的不完善是中国企业家创新精神不足的微观根源。

中国缺乏宽容失败的社会环境。人们不敢创业，害怕失败，因为基本的社会保障体系尚不健全，创业失败的成本过高，特别不能忽视的是心理成本。当然，随着市场经济的不断成熟完善，这些因素也在不断改善，中国企业家精神会随着全球化进程的不断深化，以及国际竞争规则的统一化而得到更大的彰显。

我国国有企业管理者的人事制度安排，至今还没有脱离传统的计划经济体制框架，因此，其人事制度表现出浓厚的行政色彩，而与现代企业制度不相容。第一，国有企业的"资"、"事"、"人"由财政部和国资局、经贸委、人事部等多头管理，这必然导致国有企业管理者选择主题的权、责、利不对称，结果选择的标准便必然从各自部门利益及其所定的标准和要求出发，而不是从提高国有企业效率和资产增值的标准出发。第二，国有企业管理者人才属所在地区和部门所有，从而限制了人才在全国范围内的流动和经理人才市场上的竞争。第三，根据国有企业的规模和所属关系，而把国有企业的管理者与行政级别挂钩的制度安排，既不利于政企分离的改革，也不利于国有企业的管理者把全部的精力用在如何经营好企业上。第四，由于国有企业管理者行政性人事制度的特点，使得国有企业的管理者能上不能下，从而不利于国有企业管理者的竞争上岗和吐故纳新的机制生成。可见，在国有企业专制过程中，必须对国有企业管理者的人事制度安排进行彻底的改革，使其选择主体的权责利统一起来，革除计划经济体制中传统的地区部门所有、官本位和只上不下的制度影响，才可能成长出企业所需要的真正的企业家队伍。

其实，我们的企业家还有很多缺失，比如：缺乏坚持；学会放弃等等。这些罗列已经不重要了。与企业家讨论我们的缺失，只是一种共勉！就像我在本书序言中阐述的，成就中国企业家的目标是：生活品质的象征；文化的传承者；价值观的载体；最后才是企业家。

有了这样一支企业家队伍，中国企业就有了明天。

参 考 文 献

［1］ 许玉林．组织设计与管理．上海：复旦大学出版社，2003.

［2］ 肖霞．企业人力资源管理现代化研究．北京：经济管理出版社，2006.

［3］ （美）迈克尔·D. 波顿．大话管理 100 年．北京：中国纺织出版社，2003.

［4］ （英）马尔科姆·沃纳．韦福祥译．管理思想全书．北京：人民邮电出版社，2009.

［5］ （美）丹尼尔·A. 雷恩著．赵睿等译．管理思想的演变．北京：中国社会科学出版社，2000.

［6］ 梅宪宾．企业家能力资本．北京：中共中央党校出版社，2006.

［7］ 杨其静．企业家的企业理论．北京：中国人民大学出版社，2005.

［8］ 张维迎，盛斌．论企业家——经济增长的国王．北京：生活·读书·新知三联书店，2004.

［9］ 彼得·德鲁克著，彭志华译．创新与企业家精神．海口：海南出版社，2000.

［10］ 张维迎．企业的企业家——契约理论．上海：三联书店上海分店，上海人民出版社，1995.

［11］ 张维迎．价格、市场与企业家．北京：北京大学出版社，2006.

［12］ 赵保华．企业组织演变与企业制度规范．北京：知识产权出版社，2007.

［13］ 彼得·德鲁克著，蔡文燕译．创新与企业家精神．北京：机械工业出版社，2007 年

［14］ 莱茵哈德·默恩著，沈赐良译．企业家的社会责任．北京：中信出版社，2005.12.

［15］ 李兰．企业家精神——2009 中国企业家成长与发展报告．北京：中国人民大学出版社，2009.

［16］ M. M. 波斯坦，彼得·马赛厄斯等著．剑桥欧洲经济史第七卷，工业经济：资本、劳动力和企业（上）．北京：经济科学出版社，1978.

［17］ 斯图尔特·克雷纳．管理百年．海口：海南出版社，2003.

［18］ James W. Westerman1, Linda A. Cyr. An Integrative Analysis of Person—Organization Fit Theories. International Journal of Selection and Assessment. Volume 12, Issue 3, 2004, 9：252-261.

［19］ Edwards JR. Person-job Fit：A Conceptual Integration, Literature Review and Methodological Critique. International Review of Industrial Organizational Psychology, 1991, 6：283-357.

［20］ Schneider B, Goldstein HW. The ASA Framework：An Update, Personnel Psychology, 1995, 48：747-773.

［21］ Cable D M, Judge T A. Pay Preferences and Job Search Decisions：A Person-Organization Fit Perspective. Personnel Psychology, 1994, 47：pp. 317-348.

［22］ Turban, D. B. &Kew, T. L. Organizational Effectiveness：An Interactionist Perspective. Journal of Applied Psychology, 1993, 78：pp. 184-193.

［23］ Van Vianen, Annelies. Person-Organisation Fit：The Match Between Theory and Methodology：Introduction to the Special Issue, Applied Psychology An International Review, Volume 50, Number 1, January 2001, pp. 1-4（4）.

［24］ Chun-Hsi Vivian Chen, Hsu-Mei Lee and Ying-Jung Yvonne Yeh. Person-job Fit Versus Person-organization Fit as Predictors of Organizational Attraction and Job Acceptance Intentions：A Longitudinal Study, Journal of Occupational and Organizational, volume 16, Number 3, 2008（9）.

[25] Terence R. Mitchell. Why People Stay: Using Job Embeddedness to Predict Voluntary Turnover. Academy of Management Journal, 2001 (6).

[26] Muchinaky PM, Monahan CJ. What is Person-environment Congruence? Supplementary Versus Complementary Models of Fit. Journal of Vocational Behavioi 31, 1987, 268-277.

[27] Posner BZ, Person-organization Values Congruence: No Supports for Individual Differences as A Moderating Influence, 1992, 351-361.

[28] Reichers AE. A Review and Reconceptualization of Organizational Commitment. Academy of Management Review, 1985 (10).

[29] Amy L. Kristof. Person-Organization Fit: An Integrative Review of Its Conceptualizations Measurement and Implications. Personnel Psychology, 1996, p. 49.

[30] Cable, D. &Judge, T. A. Person-organization Fit, Job Choice, and Organizational Entry. Organizational Behavior and Human Deciaion Process, 1996, 67: pp. 294-311.

[31] Schnerder. B. The People Make the Place. Psychology, 1987, 40: pp. 437-454.